년

예

슬

수

엄

노년 예술 수업

뭐라도 배우고, 뭐라도 나누고, 뭐라도 즐기자

초판 1쇄 인쇄 2017년 1월 25일 ＼**초판 1쇄 발행** 2017년 2월 10일

지은이 고영직 안태호 ＼**펴낸이** 이영선 ＼**편집 이사** 강영선
주간 김선정 ＼**편집장** 김문정 ＼**편집** 임경훈 김종훈 하선정 유선 ＼**디자인** 김회량 정경아
마케팅 김일신 이호석 김연수 ＼**관리** 박정래 손미경 김동욱

펴낸곳 서해문집 ＼**출판등록** 1989년 3월 16일(제406-2005-000047호)
주소 경기도 파주시 광인사길 217(파주출판도시) ＼**전화** (031)955-7470 ＼**팩스** (031)955-7469
홈페이지 www.booksea.co.kr ＼**이메일** shmj21@hanmail.net

고영직 안태호 ⓒ 2017
ISBN 978-89-7483-832-4 03300
값 15,000원

이 도서의 국립중앙도서관 출판시도서목록(CIP)은 e-CIP 홈페이지(http://www.nl.go.kr/ecip)에서
이용하실 수 있습니다.(CIP제어번호: CIP2017000960)

이 책은 문화체육관광부, 한국문화예술위원회가 후원하는 "2016 문화다양성 증진을 위한 무지개다리 지원사업" 중
안양문화예술재단의 〈세대문화다양성 발굴 및 교류 프로젝트 '오버 더 시니어 레인보우 ver.3'〉의 일환으로 출간되
었습니다.

기획 안양문화예술재단
총괄 정재왈 ＼**기획운영** 조성호 강주희 정승용 이미형

노 년 예 술 수 업

고영직
안태호
지음

뭐라도
배우고

/

뭐라도
나누고

/

뭐라도
즐기자

서해문집

잘 노는 노년을

위한 예술 수업

지상 13미터, 기둥 간격 20미터. 공중그네 플라이어 10년 경력의 베테랑이자 신일본서커스단 연기부 리더인 32세의 '고짱' 야마시타 고헤이는 어느 순간부터 자신의 주력 종목인 공중그네 타기에서 번번이 실수를 저지른다. 종이 장막 찢기, 눈 가림 비행 같은 고난도 연기는 말할 것도 없고, 공중 플라이어의 기본인 다리 걸기 비행에서도 떨어지는 실수를 저지른다. 결국 고짱은 지독한 자기혐오의 감정에 빠지면서 서커스단에서도 겉도는 존재가 되고, 신경과 의사 이라부 이치로에게 심리 상담을 받게 된다.

그런데 의사인 이라부는 공중그네 타기라는 낯선 일에 재미와 호기심을 느끼며 일주일 훈련을 한 후 직접 관객 앞에서 연기까지 한다. 이라부는 고짱에게 좀 더 마음을 비우고 오픈하라고 충고한다. 치유사 같은 느낌을 주는 묘한 캐릭터인 이라부는 "공중그네는 기술보다는 콤비네이션이야"라며 조언을 아끼지 않는다.

이 이야기는 일본 작가 오쿠다 히데오의 소설 《공중그네》에 나오는 내용이다. 이 책 《노년 예술 수업》을 출간하면서 오쿠다 히데오의 소설 속 상황과 대사가 떠오른 것은 무슨 까닭일까? 어쩌면 이 이야기가 노년 세대와 젊은 세대 간에 이른바 '세대 전쟁'의 양상마저 보이는 우리 사회의 노인 문제에 대한 일종의 비유가 아닐까 하는 생각이 들었기 때문이리라. 쉽게 말해 우리 사회는 노인 문제에 관한 한, 노년 당사자뿐 아니라 젊은 세대 또한 소설 속 고짱처럼 중증의 신경강박증을 앓으며 공중그네를 타고 한 고비 넘어야 할 문제 앞에서 번번이 실수를 하는 것이 아닐까 하는 생각마저 든다.

이와 관련해 1958년에 설립된 미국은퇴자협회(AARP: American Association of Retired Persons, www.aarp.org)가 2013년부터 베이버부머 세대의 새로운 전환을 위해 '새로 상상하는 삶(life re-imagined)' 캠페인을 전개하는 것에 주목할 필요가 있다. 미국은퇴자협회 설립자 에밀리오 파르도는 제2의 인생 설계와 준비를 위해선 단계적 이행 과정이 요구된다고 말한다. 단순히 일에서 은퇴로의 이행이 아니라, 단계마다 새롭게 탐색하고 판단·계획·실행을 통해 전환하며 이행해가는 것이라는 주장이다. 특히 은퇴 후 제3단계로의 전환은 '서커스의 공중그네 타기' 같은 것이라는 비유를 제시하는 점이 눈에 띈다. '왜 나는 전환을 꿈꾸는가'에 대한 자문자답이 필요하고, 결국 적극적으로 참여하기 위해서는 '생각이 중요하다(Attitude Matters!)' 고 그는 역설한다.

이 책《노년 예술 수업》은 제목에서처럼 '잘 노는 노년의 삶과 문화는 가능하다'는 관점에서, 기존의 상투적인 관행을 부수며 새로운 삶을 상상하는 노년 예술 수업 현장을 찾아 다양한 목소리를 직접 청취하며 기록한 책이다. 이 점에서 이 책은 노년에 이른 노인이 다시 쓰는 이력(履歷)을 이해하려는 '리스닝 프로젝트'였다고 할 수 있다. 이(履)는 신발을 뜻하고 역(歷)은 내력을 뜻하니, 이력은 개인의 발자취를 의미한다.

그런데 우리나라의 노년 문화예술 교육 현장에 노인 한 사람 한 사람의 발자취를 존중하며 멋진 노년의 양식(樣式)을 만들어가는 프로젝트는 많지 않다. 노인은 항상 '문제'의 대상이 될 때에만 정책적 관심의 대상이 되었으며, 프로그램의 '공급자' 관점에서 각종 문화예술 교육 프로그램을 제공하려는 행태를 관행처럼 답습했기 때문이다. 노년 문화예술 교육 현장이 의미 생산이 아니라 기능주의 교육의 사슬에서 벗어나지 못한 것은 이 때문이다. 가르침이 아니라 배움이라는 관점에서 새로 틀을 짜야 하는 것은 두말할 나위가 없다. 전환의 삶을 위한 '공중그네 타기'라는 차원에서 새로운 철학과 방법론으로의 전환이 시급한 셈이다.

이 책의 저자 안태호와 고영직 두 사람은 예술 수업에 참여한 노인이 이른바 에이지즘(ageism, 연령주의)에 저항하며 새로운 이야기를 만들어내고 해석하는 주체로 탈바꿈하여 새로운 자아상을 연출해가는 현상을 직접 목격하면서 이런 생각을 너욱 굳이세 본다. 1장, 3장, 5장은 안태호가 기록했고 2장, 4장, 6장은 고영직이 정리했다.

1교시 만화 수업에서는 자기 인생의 이력을 만화로 쓰는 데 지극 정성인 '누나쓰' 시니어 만화 작가들을 만난다. 이 유쾌하고도 진지한 시니어 작가들은 영원한 주제인 남자 이야기부터 유년 시절 겪은 전쟁 이야기까지 만화로 자서전을 쓰고 있다. 나아가 이들은 개인 차원의 만족을 넘어 사회적인 활동까지 모색하고 있다.

2교시 문학 수업에서는 시집《시가 뭐고?》출간으로 큰 화제를 모은 칠곡 늘배움학교 할매들을 만난다. 평균 연령 79세인 칠곡 할매들은 맞춤법, 띄어쓰기는 잘 몰라도 자신들이 살아온 삶의 무늬를 잘 알고 있으며, 사람의 무늬(人文/人紋)를 잊지 않고 사는 삶이야말로 인문 정신이라고 말한다. 또한 문화예술 교육을 위해서는 지역에 뿌리를 내린 사람(강사)을 양성하는 것이 얼마나 중요한지를 이해할 수 있다.

3교시 무용 수업에서는 국내가 좁아 해외로까지 진출해 유럽의 무용판을 뒤집어놓은 안은미컴퍼니의 〈조상님께 바치는 댄스〉 프로젝트에 참여한 할매들의 막춤을 만난다. 주름진 몸이 만들어내는 할매들의 투박한 몸짓에 깃든 굴곡 많은 근현대사 100년의 사연을 경청해보자. 그리고 "내가 춤추지 않는 혁명은 원하지 않는다"라고 한 에마 골드먼의 말이 왜 진실인지 확인해보자.

4교시 동화구연 수업에서는 이야기의 힘을 신뢰하며 손주뻘인 아이들과 만나면서 격대 교육의 가능성을 찾아가고, 또 한편으론 동시대 노인을 만나면서 노노케어(老老-care)의 의미를 실천해가는 북북(Book-Book) 봉사단의 어르신들을 만난다. 이야기의 힘이야말로 우리가 세상을 살아가는 힘이라고 믿는 북북의 특별한 사연에 귀를 기울여보자.

5교시 자유 수업에서는 수원시 평생학습관에 둥지를 틀고 무엇인가를 '대놓고' 모색하는 '뭐라도학교'를 만난다. 스스로 조직을 만들고, 스스로 일을 기획하고, 스스로 뭐라도 실행하는 노년의 이야기는 공중그네 타기에 대한 두려움을 없애고 새로운 도전정신을 심어주기에 충분하다. 역동적인 시니어의 베이스캠프, 뭐라도학교의 실험은 계속된다.

6교시 노래 수업에서는 동대문문화원에서 활동하는 동아리 '왕언니클럽'의 왕언니들을 만난다. 자칭 타칭 실버 세대의 걸 그룹으로 불리며 잘 노는 언니들로 통하는 왕언니들은, 춤추고 노래하면서 노년의 새로운 자아상을 형성해가고 있다. 2017년 창단 10주년을 맞는 왕언니들의 특별한 사연이 소개된다.

이 책 《노년 예술 수업》은 2014년부터 3년 동안 안양문화예술재단이 문화체육관광부와 한국문화예술위원회의 지원을 받아 추진해온 '문화다양성 증진을 위한 무지개다리 지원사업'의 일환으로 출간되었다. 안양문화예술재단은 잘 노는 노년의 삶과 문화를 형성하기 위해 지난 3년간 '노년을 노닐다' 포럼을 비롯, '나이듦 수업'과 '선배시민'이라는 주제로 대중강연회를 여는 등 다양한 프로그램을 진행했고, 그때마다 노년 세대뿐만 아니라 일반 시민의 큰 호응을 얻었다.

그 과정에서 '문제'로서의 노인이 아니라 '존재'로서의 노인을 생각하고 거기에 걸맞은 (문화) 정책의 철학과 구체적인 대책이 필요하다는 주장이 널리 공감을 얻게 된 것은 큰 수확이다. 그리고 이 책 《노년 예술 수업》은 앞선 일련의 기획들에 뒤이어 노인 대상의 문화예술 (교육) 정책의 새로운 프레임 전환을 모색하려는 프로젝트라고 간주해도 좋을 것이다. 이 분야의 책으로는 처음 시도하는 것이어서 빈틈이 없지 않겠지만, '기술보다는 콤비네이션'이라는 마음으로 이해하고 읽어주기를 희망한다.

한 권의 책을 낸다는 것은 무수한 사람들에게 신세를 지는 일이다. 카툰캠퍼스의 조희윤 대표님, 칠곡군 교육문화회관의 평생학습 담당 지선영 계장님, 인문사회연구소의 신동호 소장님, 무용가 안은미 선생님과 안은미컴퍼니의 박은지 기획팀장님, 전주 효자문화의 집 강현정 전 관장님, 뭐라도학교의 김정일 교장선생님, 동대문문화원의 강임원 사무국장님 그리고 인터뷰에 응해주신 모든 분께 감사의 인사를 정중히 올린다.

지난 3년간 사업 담당자로서 애면글면 마음 쓰며 잘 노는 노년의 삶과 문화를 위해 고민하고 헌신한 안양문화예술재단 강주희 과장의 노고를 잊을 수 없다. 인생의 새로운 여정을 떠나는 길에 작은 선물이 되었으면 한다. 그리고 새해부터 국내 굴지의 서적 도매상 부도로 인해 더 어려워진 출판계의 불황에도 우수마발의 원고를 다듬어 흔쾌히 출간해준 서해문집 김선정 주간의 후의에도 감사드린다. 이 책이 다만 짐이 되지 않고 작은 힘이 되기를 감히 희망한다.

그리고 마지막으로, 노년 예술 수업 현장에서 공중그네 타기를 시도하려는 모든 분에게 이 책이 미력하나마 도움이 되기를 바라며, 다음의 콤비네이션을 기약해본다.

2017년 정초에
고영직·안태호 삼가 쓰다

만화로 쓰는
자서전

시니어 만화가 '누나쓰'가 간다

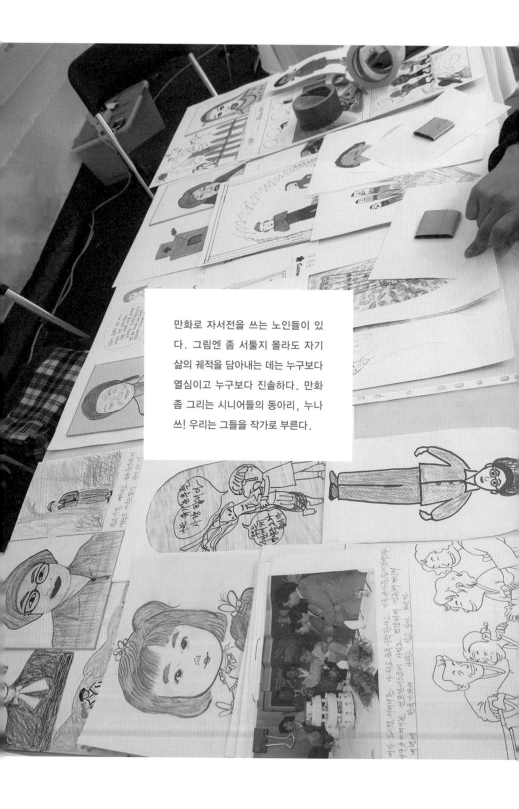

만화로 자서전을 쓰는 노인들이 있다. 그림엔 좀 서툴지 몰라도 자기 삶의 궤적을 담아내는 데는 누구보다 열심이고 누구보다 진솔하다. 만화 좀 그리는 시니어들의 동아리, 누나 씨! 우리는 그들을 작가로 부른다.

"이거 어때? 올림픽 금메달리스트만 그렸어."

"나는 코스모스를 그렸는데, 남편이 아니래."

"코스모스 같네, 맞구먼. 가서 야단을 쳐야겠네."

"꽃을 잘 모르시나 보네요."

"연애할 때 코스모스 길을 걷지 않아서 그래."

"자, 들어보세요. 혼자 걷는 길에는 예쁜 그리움이 있고, 둘이 걷는 길에는 아름다운 사랑이 있고, 셋이 걷는 길에는 우정이 있고, 우리가 걷는 길에는 행복이 있습니다."

'누나쓰' 모임을 찾아갔던 날, 수업 시작 전 '누님'*들의 수다가 한창이었다. 리우 올림픽이 막 끝나 가을이 서서히 깃들기 시작할 즈음, 추석을 앞둔 때였다. 누님들은 자신들이 해온 과제를 서로 자랑

하느라 여념이 없었다. 양궁과 펜싱, 태권도 선수가 오륜기 아래 금빛 메달을 건 모습을 그려온 누님의 말엔 다들 올림픽에서 안타까웠던 순간을 떠올린다. 보면서 나도 눈물이 났다며 맞장구를 치고, 선수들이 닮았네, 안 닮았네 이야기꽃이 피어났다. 가을 분위기에 맞춰 코스모스가 가득 핀 길을 그렸는데 남편이 몰라줬다며 풀 죽은 누님의 말엔 남편을 타박하는 목소리가 쏟아졌다. 연애할 때 코스모스 길을 걷지 않아서 그랬다며 항변 아닌 항변을 남기자 까르르 쏟아지는 웃음. 내가 여고생 수업을 온 건가 싶을 정도로 생기가 넘친다. 게다가 길을 걸으면서 느끼는 감성 목록을 열거하는 그리움, 사랑, 우정, 행복의 다정하고 훈훈한 문구.

"나는 복지관에서 한 거, 송편 빚기 대회 그렸어."

"우승했어요?"

"우리가 또 우승 안 했으면 그리질 않았지."

"어디 봐봐. 오, 잘 그렸네?"

"그런데, 앉아 있는 자세를 그리려는데 잘 안 돼."

"이 언니들 자랑하는데 나는 못 하겠네. 안 그려 와서 자랑할 게 없네."

---

* 카툰캠퍼스는 시니어 자서전 사업을 시작하며 어르신이라는 호칭을 쓰지 않으려고 노력했다고 한다. 이들이 고민 끝에 활용하기로 한 호칭은 작가님. 처음에는 어색해했지만 참여자는 이내 작가님 호칭에 익숙해지고 스스로 자신감을 가지게 되었다. 작가라는 말이 예술계에서는 등단 구조를 거쳐 일정한 상징 자본을 획득하고 작품 활동을 하는 이를 칭하는 것이지만, 시니어에게 굳이 엄격한 잣대를 들이댈 필요는 없을 테니 유효적절한 선택이었다. 동아리 활동에선 누님으로 호칭하지만, 이 글에서 이후 참여자를 지칭하는 말은 작가로 통칭한다.

추석을 앞두고 복지관에서 열린 송편 빚기 대회를 꼼꼼하게 그려 온 누님은 우승이 아니면 그리지도 않는다며 너스레를 떨어 좌중을 웃음바다로 만들었다. 과제를 미처 못 해온 누님은 그려온 게 없어 자랑을 못하겠다며 푸념이다.

'누나쓰'는 만화 기획 집단 카툰캠퍼스*와 함께하는 동아리의 이름이다. 첫 계기는 복지관 수업이었다. 카툰캠퍼스가 진행하는 만화 수업에 참여했다. 초급반 10주를 마치고 나니 욕심이 생겼다. 심화반 10주를 더 배웠다. 그리고 나니 복지관에서는 프로그램을 더 진행할 수가 없었다. 참여자들은 모임을 지속하며 만화 그리는 법을 더 배우고 싶어 하던 상황. 사실 이런 상황은 프로그램을 기획하고 진행한 카툰캠퍼스가 원하는 상황이기도 했다. 조희윤 대표는 당시 상황을 회고하며 서로 타이밍이 잘 맞았다고 이야기한다.

"서울문화재단과 2년간 사업을 했어요. 성과가 나쁘지 않았습니다. 그런데 사업 예산으로 진행하는 프로그램은 거기까지인 거예요. 더 이상 뭔가 할 만한 근거나 지지 기반이 없었던 거죠."

그런데 카툰캠퍼스 사무실이 있는 부천에서 딱 그런 계기가 생긴 것이다. 만화 모임을 더 하고 싶다는 말에 처음엔 만화가를 복지관에 파견할 생각이었다. 참여자가 모임을 가지면 3주에 한 번 정도 만화가 선생님이 가서 작품을 봐주고 지원하는 방식으로 활동을 연장해보려는 구상이었다. 그런데 참여자들이 마음을 모았다.

---

* 홈페이지 http://www.cartoonfellow.org, https://www.facebook.com/cartooncampus/

"선생님이 여기까지 오면 번거롭잖아요. 우리가 카툰캠퍼스 사무실로 갈 테니까 일주일에 한 번씩 만납시다."

그래서 탄생한 동아리가 평균 연령 73세의 만화 동아리 '누나쓰'다. 동아리 결성 당시 한창 TV 예능 프로그램 '언니쓰'가 인기를 얻고 있었는데, 강사가 모두 젊은 남자 작가다 보니 누님을 모시고 진행한다는 점에서 '누나쓰'로 동아리 이름을 낙점한 것이다.

만화로 삶을 그린다는 것

2003년 설립된 카툰캠퍼스는 2009년부터 만화 융합형 교육 활동을 활발하게 진행하고 있다. 만화의 폭은 넓다. 그림과 문자의 조합은 어지간해서는 만화의 범주를 벗어나기 어렵다. 어린 시절 그리던 그림일기에서부터 각종 디지털 기기가 유행하는 현재의 이모티콘에 이르기까지 만화의 활용 범위는 무궁무진하다. 몇 개의 선과 색, 몇 마디 말로 기억, 경험, 감정, 상황을 손쉽게 전달할 수 있는 만화는 어찌 보면 자기표현의 가장 수월한 수단이다.

유럽, 특히 프랑스에서 만화는 '제9의 예술*'로 인정받는다. 유럽에서는 만화의 기원을 구석기시대까지 끌어올리며 역사적, 문화적

---

* 제1의 예술은 연극, 제2의 예술은 회화, 제3의 예술은 무용, 제4의 예술은 건축, 제5의 예술은 문학, 제6의 예술은 음악, 제7의 예술은 영화, 제8의 예술은 사진이다.

노년의 삶 자체가 하나의 훌륭한 스토리텔링이다. 평균 연령 73세의 만화 동아리 '누나씨'는 '누구나 만화가고 누구나 스토리텔러다'라는 모토 아래 스스로 쓰고 그리는 만화가의 꿈을 키워왔다.

가치를 인정한다. 우리가 흔히 회화의 기원으로 아는 선사시대의 동굴벽화를 동시에 만화의 표현 방식으로 받아들이는 것이다. 그에 비해 우리나라에서 만화는 천덕꾸러기 신세를 면치 못했다. 비주류 문화, 가볍고 진지하지 않은 장르라는 인식이 강했다. 한때는 청소년에게 악영향을 끼친다 하여 대대적인 단속과 검열에 시달리기도 했다. 지금도 여전히 만화의 위상은 영화나 문학에 비해 현저히 낮지만, 최근에는 웹툰 등의 비약적인 발전과 산업적 활용 덕에 만화의 입지가 탄탄해지고 있다. 대중적 인지도와 활용성이 높아지면서 하나의 문화 콘텐츠로 자리 잡는 모양새다.

어린이와 청소년은 익숙하고 좋아해서 만화를 즐기는 데 두려움이 없다. 그런데 어르신은 어떨까? 사회적으로 노년에 대한 논의가 확대되고 행복한 노년을 구성하기 위한 활동이 주목받기 시작할 때 카툰캠퍼스 역시 노년과 만화를 연결해볼 생각을 했다. 어르신 역시 어릴 때는 만화를 보며 자랐고, 만화는 누구에게나 부담 없이 다가갈 수 있는 장르라는 자신감이 있었다. 지금도 손자 손녀를 돌보면서 학습만화를 보고 구연까지 한다는 게 카툰캠퍼스의 생각이었다.

어르신과 만화로 놀 구상을 하다 보니 자서전에 생각이 미쳤다. 노년의 삶 자체가 하나의 훌륭한 스토리텔링이라고 판단한 것이다. 대개 자서전과 관련한 사업은 어르신의 구술을 받아서 정리하는 패턴인데, 카툰캠퍼스는 좀 다르게 생각했다. 어르신이 직접 자신의 삶을 쓰고 그리게 하자는 거였다. 어르신이 이야기하는 걸 작가가 그려주는 방식이 아니라, '누구나 만화가고 누구나 스토리텔러다'라는 모토 아래 어르신 스스로 쓰고 그리는 만화가가 되자는 게 처음부터 계획한 목표였다.

자신의 정체성을 자신이 직접 고르고 편집할 수 있다는 것은 매우 중요한 지점이다. 인류학자 김현경은 "정체성에 대한 인정은 특정한 서사 내용에 대한 인정이 아니라 서사의 편집권에 대한 인정이다"라고 이야기했다. 이는 개인의 정체성에서 가장 중요한 부분이 국적이나 나이, 성별, 직업을 비롯한 인생의 수많은 경험이 아니라, 그 경험과 요소를 통합하고 배치하는 스스로의 선택에 달렸다는 것을 보여준다. '내가 누구인지 말할 수 있는 사람은 나뿐'이라는 것이다. 자기 서사의 편집권을 자기 스스로 갖는다는 것은 다른 사람이 내 인생을 말하도록 내버려두지 않는다는 뜻이다. 다른 사람이 나를 노인으로, 환자로, 주부로, 미혼으로, 다시 말해 기존의 익숙한 카테고리에 넣어버리는 것을 용인하지 않겠다는 뜻이다. 이는 자기 삶에 당당해진다는 것과 직결된다. 자신의 삶을 담담하게 바라보고 스스로의 시선으로 삶을 재구성해내는 것이야말로 자신의 인생을 긍정하는 첫걸음이 될 수 있다는 것을 카툰캠퍼스는 알고 있던 것이다.

자서전, 자기 삶을 그린다는 것은 노년 세대에게 어떤 의미일까? 노인 한 사람 한 사람을 박물관에 비유하는 경우가 왕왕 있다. 60년 또는 70년 이상의 역사를 가진 노인의 삶은 모두가 다른 콘텐츠를

---

* 김현경, 《사람, 장소, 환대》, 문학과지성사, 2015, p.215.

가진 보물창고나 다름없다. 게다가 반복되지도 않고 타인과 대체도 불가능한 경험이다. 우리는 흔히 말을 하면서 말의 내용이 정리되는 순간을 경험한다. 미처 인식하지 못했지만 이야기를 꺼내는 순간 새로운 생각이 돌출하는 경우도 허다하다. 자서전도 마찬가지다. 기억 속에 깊숙이 파묻혀 있던 이야기를 끄집어내다 보면 미처 생각지 못한 감정과 사람에 대한 마음, 그때 그 일에 대한 새로운 생각이 보태진다. 곰브리치는《서양미술사》에서 '변모하는 과거'를 이렇게 이야기한다.

"역사에 관한 지식은 언제나 불완전하다. 새로 발견되어 과거에 대한 우리의 생각을 바꾸어놓을 새로운 사실이 항상 존재하기 때문이다."[*]

우리 삶 또한 마찬가지가 아닐까? 새롭게 발굴하고 조명할 만한 인생의 순간은 끊임없이 '발견'된다. 이야깃거리가 고갈될 걱정은 없다. 어떤 면에서 내 삶은 나만의 것도 아니다. 타인과의 관계, 역사적 사실과 지평, 사회문화적 환경을 알게 된 후에 회고하는 내 삶의 스토리는 이전과는 판이하게 다를 것이다. 물론 자기 서사의 편집권이란 매우 중요하다. 누군가의 자식으로, 학생으로, 직장인으로, 누군가의 배우자나 부모로 불리며 자기 삶을 내주던 패턴만으로는 내 삶이 온전히 설명될 수 없다. 관계 속에서 개인을 성찰한다는 것이 곧 개인의 정체성을 외부에 내주자는 말은 아니다. 내 시선으로

---

[*] 곰브리치,《서양미술사》, 예경, 1999, p.626.

오롯이 내 인생을 담담하게 그려보는 것은 개인의 삶을 되찾는 데 큰 도움이 될 것이다.

보통 노인의 특징으로 똑같은 이야기를 반복하는 것을 들곤 한다. 할아버지, 할머니의 옛날이야기는 한두 번은 고개를 주억거리며 듣기도 하고, 어려운 시절의 이야기에서 교훈을 배우기도 한다. 그러나 명절 때마다 반복된다면 어떨까? 손자, 손녀는 물론이고 아들이나 며느리도 지겹다며 손사래를 칠 것이다. "또 그 얘기예요?"라는 말, 주변에서 한두 번은 들어봤거나 해봤을 것이다. 하지만 똑같은 이야기를 만화 한 컷으로 표현했을 때 혹은 스토리가 담긴 줄거리 있는 페이지 만화로 구성했을 때는 전달력과 파급력이 다를 수밖에 없다. "우리 엄마가?" "우리 어머님이?"라는 반응에서 "이런 일이 있었어?" 하는 감탄까지 나온다. 삐뚤빼뚤 거칠지만 진솔한 이야기가 담긴 만화, 게다가 부모나 조부모가 실제 경험한 일이니 감동은 배가될 수밖에 없다.

시니어, 작가가 되기까지

시니어 만화 창작학교의 과정은 어땠을까? 조희윤 대표는 "만화를 읽는 건 만만한데, 그리는 건 막연하고 힘든 작업"이라고 표현한다. 미술시간에 그림을 그려본 적은 있지만 만화는 난생처음인 '작가님'들은 어떻게 자서전을 그릴 만큼 만화 실력을 키워갔을까?

첫 단계는 데칼코마니나 드리핑 기법을 활용해 우연한 형태를 발견하고, 만화적 발상과 소품을 통해 소재를 개발하여 한 컷 만화를 제작하는 과정이다. 우연히 오린 종이가 시골 할머니 집에 가지런히 놓여 있던 검정 고무신, 흰 고무신이 되기도 하고, 데칼코마니를 했더니 우연히 양은 도시락 모양이 나와 어린 시절 엄마가 싸준 도시락이 되기도 하는 식이다. 이렇게 유년 시절이나 최근의 일을 포함해 본인의 이야기가 나오도록 유도하는 게 작가가 되는 입구다.

다음 단계는 캐리커처. 사람이나 사물의 특징을 과장하여 풍자한 그림을 캐리커처라고 한다. 보통 신문 만평에 등장하는 대통령이나 국회의원, 장관 등 정치인의 모습을 떠올리면 된다. 얼굴을 있는 그대로 그리는 초상화와 달리 캐릭터의 유별난 점을 조금 우스꽝스럽게 전달하는 특징이 있다. 코가 조금 크면 주먹만 한 코로, 머리숱이 좀 적으면 반짝반짝 빛나는 대머리로, 눈이 좀 작으면 쫙 찢어진 눈으로 표현하는 것이다. 행사장이나 공원 같은 곳에는 으레 캐리커처 작가가 한두 명은 꼭 있기 마련이다. 우리나라 사람은 외모에 집착이 크기 때문인지 캐리커처도 초상화처럼 그려달라는 사람이 많아 곤란할 때가 있다고 한다. 만화 자서전 수업에서는 바로 캐리커처를 진행할 수 없으니 젊은 시절의 사진을 가지고 먹지를 활용해 그려보는 것부터 시작한다. 현재의 모습과 비교해가면서 서서히 캐리커처를 완성해가는 것이다.

캐리커처가 완성된 후에는 그 시절의 기억을 꺼내보는 스토리텔링

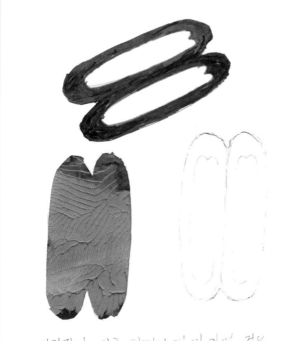

어릴적에 시골 할머니 댁이 가면 검은
고무신 과 흰고무신이 있는데 흰고무신을
깨끗하게 닦아 드리면 용돈을 주시던
어린 시절이 생각 납니다

만화가 난생처음인 어르신들의
첫 도전인 데칼코마니 작품.
데칼코마니 기법을 활용해 우연한
형태를 발견하고, 만화적 발상과
소품을 통해 소재를 개발하여 한 컷
만화를 제작하는 과정이다.
1 노영자 〈고무신〉
2 김옥순 〈도시락〉

을 이어간다. 전지를 활용해 캐리커처가 담긴 시절에 어떤 추억이 있었는지 기록하는 시간을 갖는다. 우리는 사실 사람 그림 위에 그려진 동그라미가 그 사람의 말을 뜻하는 말풍선이라는 것도 알고 있고, 지그재그로 찌그러진 말풍선이 인물의 강렬한 감정을 표현한다는 것도 알고 있다. 또 인물의 단순화된 표정이나 선 몇 개로 움직임이 표현된다는 것도 알고 있다. 이렇게 캐리커처와 스토리텔링 과정을 거치면 각자 작업한 것을 발표하는데, 서로 발표하려고 아우성이 일곤 한다. 집에서는 아무도 들어주지 않는 이야기를 스스로 작업해 만들어 발표하면 사람들이 경청해준다는 생각에 재미를 느끼는 것이다.

어린 시절 그림을 보면 개인의 역사와 시대가 잘 겹쳐 드러난다. 한 작가는 어린 시절 엄마에게 놀아달라고, 안아달라고 해도 일이 너무 많아서 바쁜 엄마는 집에 돌아와도 일보따리를 내려놓지 못했다는 이야기를 그림으로 남겼다. 벌써 예순다섯 살이 되어 이제는 손자 손녀를 둔 할머니인데도 여전히 어린 시절 딸로서는 슬펐던 이 장면을 설명하던 작가는 눈물을 흘리기도 했다. 모든 것이 풍족하고 자녀에 대한 관심과 애정이 지극히 당연해진 지금이야 생각하기 어려운 일이지만, 너도나도 어려운 상황에서 비껴날 수 없었던 그 시절 고단한 일상이 여과 없이 드러나는 장면이었다.

다른 작가의 작품도 재미있다. 요즘으로 말하자면 '금수저' 이야기다. 한국전쟁 이후 형편이 어려운 상이군인이 작가의 집에 구걸을 하러 오곤 했는데, 작가의 집에는 갈비가 많아서 걸식하는 이들에게 식사를 제공하곤 했다. 그런데 작가는 그걸 먹는 상이군인이 무섭기

자신의 캐리커처를 그려보면서 과거의 기억을 꺼내보는 스토리텔링을 함께 이어간다. 어린 시절
그림을 보면 개인의 역사와 시대가 잘 겹쳐 드러난다.
1 민경자 〈엄마, 놀아줘〉 2 이연숙 〈상이군인〉

도 했고, 자신이 먹을 갈비를 먹어버려서 밉기도 했다는 이야기다. 전쟁 직후 생계를 잇기 막막했던 상이군인의 상황과, 형편이 넉넉한 집에서는 걸식하는 이를 집 안에 들여 식사 대접을 하기도 했던 당시의 풍경이 눈에 확 들어온다. 이 역시 지금이라면 상상하기 힘든 일화다.

이렇게 구체적인 삶의 사연이 풀려나오기 시작하면 서서히 캐릭터를 잡는 작업으로 구체화한다. 프로타주 기법*을 활용해 젊을 때의 모습과 현재의 모습을 비교해보거나 어릴 적 꿈과 지금의 현실을 비교해보는 작업을 하기도 한다. 멋쟁이 처녀에서 식모 같은 삶으로 변했다고 술회하는 사람도 있고, 성악가를 꿈꿨는데 지금은 저녁거리를 고민하는 모습으로 표현하는 사람도 있었다. 손가락에 캐릭터를 그리는 방법으로 가족을 하나하나 표현해보기도 한다. 공부를 열심히 하는 손자는 안경을 쓰고 책을 든 모습으로, 술을 즐기는 남편은 알딸딸한 표정의 소주병을 든 모습으로, 애교가 많은 손녀는 활짝 웃는 표정으로, 할머니는 얼굴의 주름으로 그려내기 시작하면 캐릭터에 대해 감을 잡아가는 것이다. 약간의 팁을 주고 동기 부여를 하는 것만으로도 모두 이 단계까지 쉽게 진입한다.

심화 과정에 들어가면 컷 단위에 스토리를 부여하게 된다. 달리는 사람 형태 하나를 두고 만들어낸 작품은 흥미롭다. '집 나간 아내를

---

* 나뭇조각이나 나뭇잎, 시멘트 바닥, 기타 요철이 있는 물체에 종이를 대고 색연필, 크레용, 숯 따위로 문질러서 거기에 베껴지는 무늬나 효과 따위를 응용한 회화 기법. 막스 에른스트가 1925년에 처음으로 시도했고, 이후 초현실주의 화가들이 자주 썼다고 한다.

찾아주세요', '헉헉! 사람을 찾습니다'라는 표현에는 아내를 잃어버렸다는 상황과 현재 아내를 찾기 위해 뛰어다니는 사람의 이야기가 고스란히 담긴다. 가족의 생계를 책임지는 가장이 숨이 턱턱 막히도록 뛰어다니는 장면이 되기도 하고, 학창시절 달리기 1등을 했던 기억이 소환되기도 한다. 이렇게 만화의 기법을 익히고 자신들의 이야기를 끄집어내면서 만화 자서전 작업을 하게 된다. 단번에 전 생애를 담을 순 없으니 가장 기억에 남는 것을 그려낸다. 진짜 작가처럼 라이트박스도 쓰고 태블릿 컴퓨터를 활용해 디지털 만화 작업까지 한다.

그렇게 해서 만들어진 작업 결과물은 책 속에 박제된 것이 아닌 살아 있는 역사의 한 조각이다. 조희윤 대표는 시니어 만화 창작학교 작가의 작품을 통해, 구술로만 들었던 옛날이야기를 사진부터 그림까지 다양한 방식으로 접하면서 당시의 시대상을 좀 알게 되는 것 같다고 말한다. 어찌 보면 당연한 일이지만, 역사책에 나오지 않는 소소한 일상과 관련한 풍경, 사건, 습관 하나하나가 분명 지금과는 다르고 이채롭다. 악명 높은 1959년의 사라 태풍으로 인한 피해에서 시작해 석탄을 연료로 하는 열차를 타고 터널을 지나가면 얼굴이 까맣게 되기 때문에 장거리 여행에는 물수건이 필수였다는 이야기, 옛날 복덕방은 전봇대 옆에 팻말과 평상만을 두고 영업했다는 이야기까지. 낯설지만 분명 오래지 않은 옛날 우리가 살던 풍경이 꼭 그랬던 것이다.

[캐리커처]

자신의 사진을 가지고 먹지를 활용해 그려보는 것부터 시작해서 서서히
캐리커처를 완성한다. 그리고 그 시절에 어떤 추억이 있었는지를
기록한다. 이렇게 구체적인 삶의 사연이 풀려나오기 시작하면 서서히
캐릭터를 잡는 작업으로 구체화할 수 있는 준비가 된다.
1 김옥순 2 노영자

애들아 !~

담주엔 더 더

재미있는 이야~

들려 줄께 ~

~ 이야기 할머니 ~

"임 영월

5

1

2

캐리커처 다음 단계로 캐릭터를 잡는 과정을 밟는다. 이때 프로타주 기법을 활용해 젊을 때의 모습과
현재의 모습을 비교해보거나 어릴 적 꿈과 지금의 현실을 비교해보는 작업을 하기도 한다.
1 김옥순 2 박재욱

3

4

3 임영월 4 최영순

손가락에 캐릭터를 그리는 방법으로 가족을 하나하나 표현해보기도
한다. 약간의 팁을 주고 동기 부여를 하는 것만으로도 이 단계까지
쉽게 진입할 수 있다.
1 노영자 2 서영희 3 이춘자 4 최승희

심화 과정에 들어가면 컷 단위에 스토리를 부여하게 된다.
달리는 사람 형태 하나를 두고도 흥미로운 여러 스토리가
만들어진다.
1 서영희 2 임영월

3 이춘자 4 채혜순

이렇게 만화의 기법을 익히고 자신들의 이야기를
끄집어내면서 만화 자서전 작업을 하게 된다. 단번에
전 생애를 담을 순 없으니 가장 기억에 남는 것을 그려낸다.
그렇게 해서 만들어진 작업 결과물은 책 속에 박제된 것이
아닌 살아 있는 역사의 한 조각이다.
5 우충렬 〈집 찾아가기〉

남자부터 전쟁 이야기까지

'누나쓰' 회원들이 심화 과정을 거치며 창작한 작품을 둘러보자. 작품에는 남자 이야기가 많다. 물론 아쉽게도(?) 남편을 포함한 비율이다. 김경자(62) 작가의 〈비 오는 날의 수채화〉는 젊은 시절 만나 가슴 두근대는 연애를 했건만 헤어진 사람에 대한 추억을 소환한다. 그러나 이 미련은 안전한 반전으로 끝을 맺는다. 비 오는 날 우산을 쓰다 키가 작다며 헤어진 일을 비 오는 날 창밖을 보며 회상하던 작가는 더 멋지고 잘생긴 남자를 만났다며 씨익 웃는다. 남편에 대한 노골적인 자랑도 등장한다. 김옥순(70) 작가는 〈감동의 생일 선물〉에서 남편이 바이올린을 배워 젊은 시절 함께 부르던 노래를 자신의 생일날 연주하는 것을 뼈대로 삼았다.

무뚝뚝한 남편에 대한 타박도 빼놓을 수 없다. 양정란(65) 작가의 〈그래도 내 남자〉는 결혼 전에는 미덕으로 보이던 것이 결혼하고 나니 백팔십도 달라지더라는 경험을 제대로 보여준다. 이 작품 역시 그럼에도 내 남편이 세상에서 제일이라는 결론으로 달려간다. 수십 년의 세월, 헤아릴 수 없이 많은 사건, 깊이를 가늠하기 어려운 감정의 파고를 말 몇 마디로 갈무리하는 것은 애초에 무리였을 것이다. 아마도 작품 활동을 더 하다 보면 좀 더 다른 결의 작업을 보여줄 수 있지 않을까?

전쟁 이야기도 빠지지 않는다. 생각해보면 전쟁만큼 삶의 조건을 송두리째 뒤흔드는 사건도 흔치 않다. 개인에게야 사건 사고가 큰 의미를 갖고 상흔으로 남거나 영향을 미치겠지만, 전쟁은 자신이 속한 공동체 전체가 함께 겪는 커다란 사건이다. 흔히 전역한 남성이 주변 사람의 타박에도 내내 군대 이야기를 달고 사는 이유는 그만큼 인생에 없던 낯설고 강렬한 경험이었기 때문일 것이다. 전쟁을 연습하는 일만으로도 끈질긴 기억이 남는데, 직접 경험한 전쟁이야 더 말할 것도 없다. 어린 시절 전쟁으로 겪어야 했던 고통과 고난 이야기는 우리에게 익숙한 서사지만, 개인의 삶에서 차지하는 비중을 생각해보면 매번 새로운 것이기도 하다.

이춘자(74) 작가의 〈춘자랑 누리랑〉은 유치원에 가기 싫어하는 손녀 누리에게 본인이 겪은 전쟁의 끔찍함을 전해주면서 누리가 얼마나 풍족한 삶을 살고 있는지 간접적으로 교훈을 주는 작품이다. 피난길의 고생, 이산가족과 고아의 아픔, 공터에 앉아 가방도 책상도 없이 수업을 들어야 했던 시절의 이야기를 들으며 누리는 비가 와도 갈 수 있는 유치원과 책상, 놀이기구 등을 떠올린다. 전쟁 직후 도둑이 창문으로 막대기를 넣어 옷을 훔쳐가기도 했다는 할머니의 말에 누리는 아파트에 살면 되고, 도둑은 112에 신고하면 된다고 알려준다. 전형적인 교훈조의 작품처럼 보이지만, 손녀가 자신의 상황을 인식하면서 할머니와 나누는 대화 형식을 통해 일방적인 교육이 아니란 걸 알게 해준다. 손녀가 자신의 여유와 넉넉함을 스스로 깨닫게 만드는 대화법을 만화 형식으로 옮겨놓은 것이다. 이야기를 읽고 나면 할머니의 사려 깊음을 생각하게 된다.

인생 전체를 담으려 욕심을 부린 작업도 있다. 노영자(75) 작가의

〈노천사 만화 자서전〉은 대학 졸업식 장면으로 시작한다. 어린 시절 딸이라는 이유로 고등학교 진학을 반대한 집안어른들 때문에 배움에 한이 맺혀 각종 자격증을 따고 결국 장학금을 받으며 대학을 졸업했다는 이야기다. 한국 근대화의 풍경에서 자주 마주치는 이야기지만, "내가 평생 대학을 가고 싶었던 한풀이를 하고 나니 미워하던 할머니와 돌아가신 아버지가 그립다"라는 대사는 배움이라는 사회적 기회의 배분, 가족이라는 테두리의 역할과 정서적 영향에 대해 많은 것을 생각해보게 한다.

서영희(67) 작가의 〈영화 같은 나의 인생〉은 여성의 자수성가 스토리라는 점에서 희귀하다. "쌀 두 말을 가지고 300원을 가지고 친구 세 명과 함께 서울행 기차에 올랐"지만, 친구들은 만만찮은 서울 생활에 적응하지 못하고 하행선을 타고 말았다는 이야기, 옥수수빵 하나로 하루를 버티면서도 꿈을 이루기 위해 노력한 이야기, 알뜰하게 돈을 모아 시골에 있는 엄마와 동생을 서울로 모셔온 이야기, 배우 제안을 받았지만 거절했던 이야기, 의상실 17년과 직장 생활을 거쳐 예순 살에 은퇴했지만 파킨슨병이 찾아온 충격, 누구보다 열심히 살아왔는데 이제 겨우 일에서 해방된 때 희귀병에 걸린 것에 대해 세상을 원망도 했지만 결국은 극복해낸 이야기까지 읽고 나면 그야말로 인생극장을 감상한 기분이 든다. 전형적인 이야기라고 하겠지만, 곳곳에 깊숙하게 박힌 한숨과 곡절을 조금은 훔쳐본 것 같은 느낌이다. 어느 누구의 인생도 특별하지 않은 것은 없다는 평범한 진리를 다시 한 번 되뇌게 된다.

그런던 비 오는 어느 날! 현실은 벽에 부딪혀 맞선남과의 행복한 시간은 산산조각 깨지고 만다.

1 김경자 〈비 오는 날의 수채화〉. 젊은 시절 만나 가슴
두근대는 연애를 했건만 헤어진 사람에 대한 추억을 소환한다.
그러나 이 미련은 안전한 반전으로 끝을 맺는다.

2 노영자 〈노천사 만화 자서전〉. 어린 시절 딸이라는 이유로
고등학교 진학을 반대한 집안어른들 때문에 배움에 한이 맺혀
각종 자격증을 따고 결국 장학금을 받으며 대학을 졸업했다는
내용으로, 한국 근대화의 풍경에서 자주 마주치는 이야기다.

3 김옥순 〈감동의 생일선물〉. 남편이 바이올린을 배워 젊은
시절 함께 부르던 노래를 자신의 생일날 연주한다는 내용으로,
남편에 대한 노골적인 자랑이 등장한다.

나를 항상 지켜주던 그 남자는 어느 날 숨겨진 욕망을 드러내고야 만다.

계란의 유혹에 빠지고 만 나는 그만 라면 먹으러 그 남자의 집에 들어갔다.

4 양정란 〈그래도 내 남자〉. 결혼 전에는 미덕으로 보이던 것이
결혼하고 나니 백팔십도 달라지더라는 내봉. 그럼에도 역시 내
남편이 세상에서 제일이라는 결론으로 달려간다.

5 서영희 〈영화 같은 나의 인생〉. 여성의 자수성가 스토리라는 점에서 희귀하다.

6 이춘자 〈춘자랑 누리랑〉. 유치원에 가기 싫어하는 손녀 누리에게
본인이 겪은 전쟁의 끔찍함을 전해주면서 누리가 얼마나 풍족한 삶을
살고 있는지 간접적으로 교훈을 주는 작품이다.

만화가 바꾼 노년

'누나쓰' 회원들의 이야기를 들어봤다. 참여 계기부터 프로그램 참여 후 변화와 주변의 반응, 그리고 싶은 그림까지. 모두들 꿈도 욕심도 열정도 많고, 부지런했다. 처음에는 그저 복지관에서 진행하는 색다른 프로그램에 참여하자는 생각을 하고 왔는지도 모르겠다. 그러나 애초부터 만화를 좋아했던 이들도 있다. 서영희 작가는 "낙서를 해도 꼭 그림과 함께 한다"라며, 좋아하는 것을 하는 즐거움이 있다고 이야기한다. 노영자 작가는 "아버님이 밴드부 하시고 미술 활동도 잘했다. 학교 다닐 때부터 그런 유전 성향이 있던 것 같다"라며 대를 이어 예술에 기질이 있었다고 유전자 핑계(?)를 댄다. 어려서 만화를 많이 봤다는 작가도 있다. 김옥순 작가는 "어려서부터 만화를 즐겨 봤다. 많이 볼 때는 하루에 50권도 봤다. 만화에 대한 애정이 있었다"라고 말한다. 역시 만화는 누구나 접근이 쉽고 익숙한 장르라는 걸 다시 한 번 확인할 수 있었다.

사실 가장 궁금했던 것은 초급, 심화 과정을 거치고 '누나쓰' 활동까지 하게 되면서 삶에 어떤 변화가 있었는가 하는 것이다. 동아리까지 만들었는데, 여러 취미 활동 중의 하나라면 좀 밋밋한 것은 아닐까 싶은 생각이 들었던 것이다. 기대대로 실제 만화를 그리면서 삶이 많이 달라졌다는 것을 확인할 수 있었다. 각각의 삶의 변화 이야기를 듣다 보면 마치 신앙 간증을 듣는 것 같은 기분마저 들 정도였다. 서영희 작가의 고백을 들어보자.

"나이 먹어서 할 게 없는데 이런 게 있다는 게 너무 좋은 거지. 아들도 너무 선택 잘했다고 칭찬하고 좋아하더라고. 그림을 그렸다 하면 마칠 줄을 몰라. 다들 나보고 모범생이라고 아우성이야. 좋아하는 걸 하다 보니 떨리는 것도 멈추고. 전에는 9시면 잤는데, 지금은 11시가 넘어 잘 때가 많아요. 전에는 심심할 때도 종종 있었는데, 이젠 무료함이 없어. 시간만 생기면 그리니까. 젊을 때의 열정이 다시 돌아온 것 같은 생각까지 들어요."

서영희 작가는 파킨슨병을 앓았다. 파킨슨병의 가장 큰 증상은 쉴 새 없이 손발이 떨리는 것이다. 그런데 만화를 그리다 보면 손이 떨리는 것도 느끼지 못하게 된다는 것이다. 그는 "나이가 있는 사람에게 더욱 권하고 싶다"고 이야기한다. 그림을 그리다 보면 자존감이 살고 무료함을 느낄 틈이 없기 때문에 우울증도 없어진다는 말이다.

다른 작가도 마찬가지다. 이춘자 작가는 "만화를 하면서 정신력이 좋아졌어. 뭘 그릴까, 뭘 할까 생각하니 피곤한 것도 없고, 아픈 것도 없고, 머리도 좋아지는 것 같은 기분이 든다니까. 새벽 2시에도 그리고, 잠잘 줄도 모르고 그리고는 해요"라고 이야기한다. 맥락을 떼어놓고 들으면 어디서 만병통치약이라도 새로 나온 줄 착각할 정도로, 이춘자 작가의 말에는 창조적인 일을 한다는 즐거움이 강하게 배어 있다. 잠자는 시간마저 줄일 만큼 즐겁고 신나는 일이라는 것이다.

김옥순 작가는 부모에 대한 애틋함을 더한다.

"잠을 깨면 숙제를 뭘 하지, 뭘 연습하지 항상 궁리해요. 만화 소재를 찾다 보면 실생활에 있는 건 똑같아요. 부모님, 남편, 아이들과의 추억 그런 것이 생생하게 살아나죠. 부모님이 생각나서 눈물 흘리면서 그릴 때도 많지요. 좀 더 잘해드릴걸, 결혼하고도 전화 자주 할걸, 첫 월급 타서 봉투를 내놓아야 하는데 담배 한 갑 딱 내놓고 말았던 게 그렇게 생각이 나더라고."

아마 앞으로 작업을 해나갈수록 수많은 일이 새록새록 떠오르면서 정서적 깊이가 배어날 것이다. 그리고 기억의 층위가 다채로워질수록 작품의 맛 또한 더해질 거라 믿는다.

주변의 반응도 좋다. 수업을 하며 만든 작품을 지인과 나눌 때면 작가 활동을 해도 되겠다며 부러워하거나, 자신을 보는 시선이 달라졌다는 걸 느낀다는 이야기가 많았다. 김옥순 작가는 남편이 자신을 새롭게 보기 시작했다는 것에 보람을 느낀다.

"남편이 전철까지 차로 모셔다주고 모셔오고 그러지요. 이런 재주가 있는 줄 몰랐다, 깜짝 놀랐다고 하더라고. 책 좀 내라고, 만화가로 데뷔하라고까지 이야기를 해요. 어떻게 보면 우리 실력이 별것도 아닌데 과대 포장되어서 좀 문제가 있는 게 아닌가 생각한다니까. 따로 나가는 친구들 모임에서도 난리가 났어. 작업한 거 몇 편을 보여줬더니 만화가 데뷔하라고 난리야 난리."

작품을 본 남편과 친구의 데뷔하라는 말에 어깨가 으쓱하기도 하지만, 한편으로 그럴 만한 실력이 되는 걸까 고민스럽다는 이야기다. 그러나 가까운 사람의 인정과 지지만큼 힘이 되는 일이 또 있을까?

서영희 작가의 말은 한술 더 뜬다. 그는 벌써 팬이 생겼다. 그것도 일반인이 아니라 현업 사진작가다.

"카카오톡을 할 때 대화 내용과 비슷한 게 있으면 내가 그린 그림을 보내곤 하지요. 이를테면 기도하는 모습 같은 거. 그랬더니 제 팬이 한 명 생겼어요. 지금 사진작가로 활동하는 분인데, 그리는 대로 다 보내달라고 하더라고. 나도 이야기가 있는 그림을 그리니 재미가 있고."

자신이 그린 그림으로 이모티콘을 만들어서 스마트폰 메신저에서 활용하고 있다는 이야기가 아닌가. 기술적으로는 높은 수준이 아니지만, 젊은 세대 못지않은 응용력과 감각이다. 어쩌면 '누나쓰'에서 자신들의 이모티콘을 만들어 통신사와 교섭하는 날이 언젠가 올지도 모르겠다.

교육 차원에서 그림을 활용하는 사람도 있다. 이춘자 작가는 그림을 그려서 손자와 놀이할 때 활용한다.

"나만의 동화책을 그려서 손자들에게 보여주곤 해요. 추석을 감과 사과와 오이로 그려서 명절의 느낌을 나타내보기도 하고, 연이 사람을 날리는 발상의 전환을 해보기도 하는 거죠. 무슨 뜻인지 알겠어요? '나만 높은 데서 보는 건 안타까우니까 주인님도 높은 데서 보세요'라고 할까. 여름에는 팥빙수 위에서 스키를 타는 그림을 그려보기도 했죠."

살바도르 달리는 '토마토 위를 질주하는 한 마리 말을 상상할 수가 없다면 우리는 백치'라고 이야기했는데, 토마토 위를 달리는 말은 아니어도 사람을 날리는 연을 생각하면 절로 웃음이 난다. 학교

만화 자서전 그리기는 마치 타임머신 같다. 옛 기억을 끄집어내
그림으로 그려 넣기만 하면 과거가 다시 살아난다. 그때의 행복했던
기억이, 쓰라렸던 아픔이, 아련했던 추억이 하나하나 고스란히
떠오른다.

선생님이나 학원 강사가 아닌 할머니가 그려준 그림으로 저런 상상의 세계를 접하는 손자 손녀의 상상력은 재크의 콩나무처럼 쑥쑥 자랄 것이 틀림없다.

그럼 '누나쓰' 회원들은 어떤 그림을 가장 그리고 싶을까? 당연하지만 사람마다 제각각이다. 노영자 작가는 부천의 협동조합 언론인 콩나물신문사의 임시총회 자리에서 이대호 선생님(카툰 작가, 카툰캠퍼스 강사)을 만난 게 무척 인상 깊었다. 그래서 가장 해보고 싶은 일이 캐리커처다.

"얼굴 보고 슥슥슥 그리는 거를 해보고 싶어요. 캐리커처를 할 때까지 해보고 싶어. 그게 제일 쉽잖아. 연필 하나로 표현이 되니까."

'얼굴 보고 슥슥슥 그리는' 제일 쉬운 그림을 해보고 싶다는 이유는 따로 있었다. 물론 캐리커처로 솜씨 자랑을 하고 싶다는 마음도 크지만, 남을 도울 수 있겠다는 생각이 더 크다. 노영자 작가는 페이스페인팅도 별도로 배웠다. 그는 여전히 세상에서 하고 싶은 일이 많은 사람이다.

김경자 작가는 사람의 얼굴을 담고 싶다. 각자의 취향과 욕망이 드러나는 순간을 종이에 붙잡아두고 싶다는 마음이 크다.

"인물화를 많이 그리고 싶어요. 사람마다 표정이 가지각색이잖아요. 장사하는 사람, 거지, 일수쟁이까지. 돈을 주고받는 욕심, 그런 거에서 드러나는 표정이 있어요. 선한 거 하는 사람은 선한 얼굴이 드러나게 마련이거든. 솜씨가 아직 따라가질 못해서 아쉽기만 하지. 예전에 내가 일수쟁이에게 돈을 한번 떼여봤거든. 이자 받는다고 났다가 홀랑 떼였는데, 그때 그 일수쟁이 얼굴을 꼭 그려보고 싶더라고."

일수쟁이 이야기가 괜히 나온 게 아니었구나 싶다. 사람의 순간적인 표정, 즉 가장 자신의 욕망에 충실한 순간의 얼굴을 그림으로 담아낼 수 있다면 이희재나 오세영 같은 리얼리즘 만화가의 계보를 잇는 작가가 탄생할지도 모른다.

서영희 작가는 만화로 일기를 남기고 싶다는 소망을 피력했다. 하루하루의 삶을 만화로 쌓아두면 자식이 나중에 그걸 보고 부모의 삶을 이해할 수 있지 않겠느냐는 게 그녀의 소박한 바람이다.

"일기를 주로 그리고 싶어요. 내 삶의 중요한 부분, 남겨두고 싶은 부분을 그려두면, 나중에 그것을 보면 행복을 느낄 수 있고 후회되는 것은 그렇게 하지 않을 수 있잖아요. 만화 일기로 자서전을 만들고 싶어요. 간추리지 않고 아이들에게 남겨서 보여주고 싶어요. 나는 고생한 것을 애들한테 이야기 안 해줬거든요. 그런데 그걸 아이들이 보고 알 수 있을 것 같아요. '우리 부모가 이렇게 고생했구나, 우리를 이렇게 가르쳤구나' 하고. 그때 그때 내 감정을 남길 수 있을 것 같아요."

서영희 작가의 이 말은 사실 만화 자서전 사업의 핵심 키워드를 가로지르는 것이다. 앞서 이야기한 자기 서사의 편집권이다. 자신의 삶에서 의미 있는 부분을 제대로 남기고 싶다는 욕망이야말로 그 편집권의 핵심에 가 닿아 있는 것이다. 자식이 부모의 삶을 이러쿵저러쿵 이야기하는 것이 아니라, 부모 스스로 하루하루 남긴 작품을 통해 자신의 삶을 되새길 수 있다면 그만 한 보람이 또 있을까?

차영순(73) 작가가 하고 싶은 것은 좀 더 구체적이다. 그는 자신이 자랐던 서울의 근대 풍경을 담아내고 싶은 욕심이 있다. 요즘 사람에게는 역사책이나 다큐멘터리에서나 보는 거리 풍경이 그에게는 여전히 생생하다.

"5·16, 4·19 당시 그 시절 골목길 풍경이 떠올라요. 학생들이 가방 들고 앉아 있던 모습, 택시 유리창 깨지고 사람들이 대피하던 모습 모두. 내가 종로에서 살아서 잘 알거든요. 선생님이 계동까지 데려다주던 그 시절이 생생하게 기억에 남아 있어요. 청계천을 복개하기 전에 가게들을 세울 때 중학생이었는데, 그 시절 그 모습이 머릿속에 딱 찍혀 있어요. 전철 타고 다닐 때 서대문에서 동대문까지 그 모습이 많이 없어졌는데 그게 너무 아쉽더라고요. 그걸 그려보고 싶어요. 1970년대인가, 너무 일찍 없어졌어요. 그때 풍경이 북촌에만 살짝 남아 있어. 단성사, 대한극장까지 너무 많이 변했죠. 아직은 인물 표현이 잘 안 되고 내 맘먹은 대로 표현이 안 되지만 언젠가 그 시절 그때의 학생, 어른의 그 표정을 잘 그려보고 싶어요."

우리는 잘하면 서울의 근대 풍경을 정감 있고 맛깔 나는 만화로 담아내는 대작으로 유명한 김광성 작가의 다른 버전을 만나게 될지도 모른다. 서울이 어떤 도시인가? 세계적으로도 가장 급격하게 변화를 겪은 곳 아닌가. 게다가 한국 근현대사가 겪은 격동의 세월이 개인의 기억에 남긴 흔적을 이미지로 추적하는 일은 듣기만 해도 흥미진진한 것이다.

만화 자서전 그리기는 마치 타임머신 같다. 영화에서처럼 복잡한

첨단 기계나 물리학 이론이 필요하지도 않다. 옛 기억을 끄집어내 그림으로 그려 넣기만 하면 과거가 다시 살아난다. 그때의 행복했던 기억이, 쓰라렸던 아픔이, 아련했던 추억이 하나하나 고스란히 떠오른다. 그 순간의 기분도 그대로 생각난다. 밉기만 한 남편도 그때 그 기분이 생각나면 사랑스러워 보인다. 나이를 잊게 만드는 마법이다. 그것은 동시에 하루하루를 기록하는 마법이기도 하다. 지금 이 순간, 오늘의 기억을 그대로 담아두는 신기한 그릇이다.

개인의 즐거움을 넘어서

'누나쓰' 모임이 있는 날은 일주일 중 가장 신나는 날이다. 양정란 작가는 한 아파트에서 20년을 살았는데도 아는 사람이 모두 일을 하러 나가서 함께 놀 사람이 없다고 한다. 토요일에 목욕이나 가야 만나는 사람을 '누나쓰' 모임에 오면 많이 만나고 신나게 만화도 그릴 수 있으니 좋을 수밖에. '누나쓰' 모임에서는 다들 만나서 놀기 바쁘다. 가져온 과제를 서로 자랑하느라 바쁘고, 일주일 동안 쌓인 이야기보따리를 풀어내느라 바쁘다. 동아리 활동의 장점은 어떤 의무감도 없이 원하는 일을 마음껏 해볼 수 있다는 데 있다. 수업 진도를 어디까지 나가야 한다, 어떤 목표치를 꼭 달성해야 한다와 같은 강제 사항이 없다 보니 매주 모이는 일이 부담스럽지 않고 기쁘고 흥겹다.

모임은 항상 노래와 함께한다. 시작할 때는 신나는 노래를 함께 부르고 정리할 때는 차분한 노래를 나눈다. 악보도 항상 다양하게 챙겨온다. 흥에 겨워 〈다 함께 차차차〉를 부르는 날도 있고, 분위기 있게 〈10월의 어느 멋진 날에〉를 부르는 날도 있다. 〈꽃반지 끼고〉, 〈들꽃〉, 〈그댄 봄비를 무척 좋아하나요〉 등 레퍼토리도 많다. 노래는 '누나쓰'를 정서적으로 친밀하게 하고 결속시키는 힘이 있다. 덴마크 자유학교에서는 일과 시작 전에 모든 학생이 함께 노래를 부른다. 함께 노래 부르면서 더불어 사는 존재임을 확인하는 것이다. 이는 '덴마크 교육의 아버지' 그룬트비에서부터 비롯된 교육 방법이다. 그는 '살아 있는 이야기'와 삶과 어울리는 '노래'를 교육의 주요 방법으로 강조했다. '누나쓰' 회원들이 160년 전 그룬트비나 행복지수 1위를 달리는 덴마크 교육의 자랑인 자유학교의 교육 방식을 아는 것은 아닐 것이다. 그저 그들 스스로 가장 재미있고 즐거운 방식을 찾아냈을 뿐이다.

'누나쓰'의 오늘을 이야기할 때 이대호, 현상규 두 선생님의 활약을 빼놓을 수 없다. 누구나 처음 하는 일에는 길잡이가 필요하다. 카툰캠퍼스의 이 두 만화가는 회원들이 작가로 거듭나는 데 최고의 길잡이가 되어주었다. 이들은 이야기를 차분하게 경청하고 작업의 의욕을 북돋워준다. 작가들은 이 두 선생님이 특별히 많이 가르치는 것도 없는데 자신들이 매주 조금씩이라도 발전하는 걸 보면 신기할 따름이라며 웃는다. 만날 때마다 만화를 그리고 싶은 생각이 더욱 들게 만드는 비결은 뭘까? 현상규 강사는 만화 수업을 10년 동안 해

왔지만, '누나쓰'의 느낌은 다르다고 이야기한다.

"많이 다르죠. 즐기시는 분들이 하는 거라 수업하는 게 재밌고, 변화하는 게 느껴져요. 매주 변화하는 게 보이니까 저도 재밌고 보람이 있습니다."

아무래도 본인의 이야기로 만화를 그리는 만큼 자신감이 많이 생기고 분위기도 좋아진 것 같단다.

'누나쓰'의 활동은 개인 창작에서 멈추지 않는다. 작가들은 사회적으로도 의미 있는 일을 하고 싶다. 이들은 얼마 전 부천의 한 공원에서 시민들에게 캐리커처를 선물하는 활동을 진행했다. 아이들은 할머니 작가가 그려주는 캐리커처를 신기한 듯이 받아갔다. 기술적으로 완성도를 높여 나가는 것도 과제겠지만, 얼굴 그림만을 그려주는 것이 아니라 점점 주변 사람과 인생을 나누는 즐거움으로 번져 나가면 좋지 않을까 기대한다. 노년의 가장 큰 축복이자 장점은 인생 경험에서 오는 통찰을 다른 사람과 나눌 수 있다는 것이니까.

2

눈

박루뿔

즐거운 마음으로
학교에 갔다:
눈이 침침해서
칠판에 글이 안 보였다
눈물이 났다
안과에 가서 수술 했더니
아니! 이럴 수가 있나
칠판에 글이 잘 보인다
글이 확 보여 눈물이 났다
실봉사도 나만을 좋아 했나

시가 피고 소화자

노에 들에
할일도 많은데   시
공부시간 이라고   금
일도 놓고   치
시를 지웅 왔는데   배추씨
시를 쓰라 하네
시가 피고
나는 시금치세
배추씨만 아느데

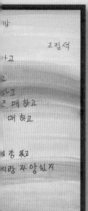

시 쓰는
칠곡 할매들이
묻는다,
시가 뭐고?

칠곡 늘배움학교 방문기

맞춤법, 띄어쓰기는 잘 몰라도 사람의 무늬를 아는 칠곡 할매들이 생애 처음 시를 쓰다. '그러나'를 말해야 하는 상황에서도 '그래도'를 말하는 칠곡 할매들의 시 쓰기에는 특별한 뭔가가 있다. 마을-학교의 새로운 가능성을 찾아가는 칠곡 늘배움학교 할매들은 오늘도 바쁘다.

11월 초 칠곡군 가산면 학산 1리 마을회관으로 가는 길은 호젓했다. 울긋불긋 절정을 이루다 지는 단풍을 완상하며 늦가을의 시정(詩情)을 느낀다. 무너지지 않는 일상을 위해서는 우리 마음에 시심(詩心)이 필요하다. 시심이란 자연의 아름다움에 경탄할 줄 알고, 사람 사는 도리를 생각할 줄 아는 겸허한 마음이다. 아일랜드 시인 브렌던 케널리는 어느 시에서 "지옥이란 경이(驚異)를 잃어버린 상태"라고 썼단다. 그에 따르면 '지옥'이란 권력욕망이 지배하는 것을 의미하는데, 결국 '경이로움이 죽을 때 권력(욕망)이 태어난다'고 말한다. 우리 삶에 경이로움이 필요한 이유가 여기에 있다.

＊　김종철, 〈무위당의 생명사상과 21세기 민주주의〉,《녹색평론》151호, 2016.

"'가'자 뒷대가리도 모른다카이"

학산 1리 마을회관에서는 한마을에 사는 10여 명의 할매가 모여 공부를 하고 있었다. 시집《시가 뭐고?》(삶창, 2015)로 유명한 칠곡 할매들의 수업 현장이다. 할매들은 음악을 전공한 김도현(42) 선생의 지도에 따라 한목소리로 '파릇파릇, 울긋불긋'을 따라 발음하며 연필을 잡고 공책에 열 번씩 열심히 적는다. 책상에는 어르신용 한글 교재인《소망의 나무》가 펼쳐져 있다. 할매들이 열심히 공책에 쓰는 동안 선생님은 어르신들의 무뎌진 연필을 깎아준다. 공책에 연필 긁히는 소리만 들릴 뿐 일순 조용하다. 수업은 국어와 산수 중심으로 진행된다. 잠시 후 김도현 선생이 "요즘 우리 동네 풍경이 어때요?"라고 묻자, 할매들이 "울긋불긋!"이라고 이구동성으로 답한다. 선생님은 귀가 어두워 자주 딴청을 부리는 김말분(88) 할매에게 "말분이 어머님, 그냥 들으시면 됩니다" 하고 말한다.

'외따리' 산다고 '외딴집 할마이'로 불리는 최고령의 영천댁 김말분 할매는 "온데 병원을 다 가바도 귀가 안 낫더라" 하며 보청기를 끼고 생활한다. 한때는 '앞산 바람이 불면 들리던 열차 가는 소리'를 이제는 더 이상 들을 수 없단다. 웃지 못할 해프닝이 없을 수 없다. 수업 때마다 온통 '쓰기'에 집중하느라 선생님이 내주신 숙제 대신 엉뚱한 숙제를 해오곤 한다. 그런 자신을 볼 때마다 '처음보다 잘 못해진다'며 위축되는 마음을 격려하고 도와준 사람은 선생님과 동료 할매다.

칠곡군 학산 1리 마을회관의 수업 현장. 온통 돌투성이 마을이라 듬티골이라 불리는
학산 1리의 할매들은 대부분 할배가 먼저 떠나고 홀로 남아 마을을 지키며 배움터에
모여 밥도 해 먹고, 서로 잔소리도 하고, 공부도 같이 하며 동료애를 느낀다.

외딴집

외따리 저지가 내 집이다

저녀그로 쓸쓸하고 안 되지

경로당 안 오민 볼 사람이 업다

친구한티 맨날 전화하지

친구가 내한테 우째 지내눈지

물어보지만

너무 안 되고

오롬따

맞춤법, 띄어쓰기 틀린 곳이 많은 김말분 할매의 이 시가 주는 감동은 다른 데 있지 않다. '이쁜 시'를 쓰는 대신에 자신의 이야기를 쓴 데서 비롯한다. 그런 시의 행간에 묻어나는 김말분 할매 같은 가슴 아픈 '사연'에 공명하고, 구순에 가까운 나이에도 새로운 뭔가에 도전하려는 할매들의 마음을 읽을 수 있기 때문이다. 2006년부터 시작된 칠곡군 늘배움학교(문해교육) 프로젝트가 10년 넘도록 할매들에게 배움의 터전으로서 큰 호응을 얻는 데는 그런 마음의 습관을 형성해온 과정을 빼놓고 설명할 수 없으리라.

그런 점에서 칠곡 늘배움학교는 '문해교육'이라는 좁은 영역에 대한 프로그램이 아니라 더 넓은 영역인 '민중교육'의 의미를 지닌다고 할 수 있다. 브라질의 교육자 파울루 프레이리의 문해교육 방법론을 적용해 라틴아메리카 문해교육 현장에서 컨설턴트로 활동하는 데이비드 아처는 "민중교육은 민중의 지식, 삶, 경험에서 출발하고, 민중과 함께 대화하며, 새로운 지식을 창출해 나가면서 세상을 비판적으로 인식하고 변화시켜 나가는 활동"[*]이라고 정의한다. 쉽게 말해 '그러나'를 말해야 하는 절망적인 상황에서도 언제나 '그래도'를 말할 줄 아는 능력을 기르는 과정이라고 할 수 있다. 이는 2년 임기의 1기 반장을 지낸 배옥자(76) 할매의 〈내 나이〉와 박후금(84) 할매의 〈배아아지〉에서도 여실히 확인할 수 있다.

내 나이

내 나이 일흔다섯

뭐하다가 나이가 먹었노

한심하다

몸은 아파 죽겠고

마음은 청춘이고

가는 세월을 우찌 잡으고

그래도 여행도 가고

공부도 할 수 있어 좋더라

[*] 데이비드 아처·패트릭 코스텔로, 김한수·김경래 옮김, 《문해교육의 힘》, 학이시습, 2014, p. x vii.

배아야지

배우깨 조은데
생가키거를 안는다
글이 안 새가킨다
그래사 어렵고
힘든다
그래도 배아야지

위의 시에 등장하는 '그래도'라는 부사는 그래서 결코 예사로운 표현이 아니다. 배옥자 할매는 "시는 그냥 쓰면 되는데 어렵게 생각했다"며 '생각나는 대로' 쓰는 게 자신의 시 쓰기 방법이라고 '영업 비밀'을 대방출한다. '앞을 봐도 산, 뒤를 봐도 산'인 학산리 마을회관에서 공부하는 게 좋다는 배옥자 할매는 "만일 우리 선생님 바꾸면 백선기 군수님께 따진다"라며 목청을 높인다. 박목월 시인의 아들 박동규 선생을 직접 만난 일이 공부하면서 가장 기억에 남는다고 '자랑질'한다. 2014년에 개설된 학산배움터에서 2기 반장을 맡았던 양화자(75) 할매는 〈민들레〉라는 시를 쓴 이유를 묻자 "봄에는 시도 쓰고, 꽃그림도 자주 그린다"라고 말한다. 권연이(69) 할매는 '가 자 뒷대가리도 모르던' 당신이 이제는 '낫 놓고 ㄱ 자는 알게 됐다'고 너털웃음을 짓는다.

비가 오면 돌만 남고 길도 없어져버리던 온통 돌투성이 마을이라

듬티골이라 불리는 학산 1리의 할매들은 대부분 할배가 먼저 떠나고 홀로 남아 마을을 지키며 배움터에 모여 밥도 해 먹고, 서로 잔소리도 하고, 공부도 같이 하며 동료애를 느낀다. 할매들이 젊은 시절인 1973년 겨울 오래된 은행나무가 홀랑 불타고 밑동만 남은 사실을 기억하며 '다음엔 그때 이야기를 시로 쓰자'고 한다.

그렇게 칠곡 학산리 할매들은 마을회관에 모여 공부를 하며 현재의 순간에 충실한 삶을 살고자 한다. 학산리에 사는 고점석 할매가 쓴 〈시방〉이라는 시가 탄생한 데는 시간 속에 의미를 넣는 이 같은 숙성과 발효의 과정이 있었던 것이다.

시방

고추 쪼매 하고

콩 쪼매 하고

팥 쪼매 하고

딸래도 쪼매 하고

참깨도 쪼매 하고

닥도 있고

개도 있고

남 업는 영감 있고

또시랑 또시랑 자앙 있지

외딴집

　　　　　　　김말분

외 따리 저지가 내집이다
저녁로 쓸쓸하고 안되지
겸로담안오민불사람이업
친구한티 맨쓸전화하지
친구가 버한테 우쳐재지내눈
물어보지만
너무 안되고
오줌따

내 나이

내 나이 일흔다섯
워 하따가 나이가 먹었노
한심하다
몸은 아파 죽겠고
마음은 청춘이고
가는 세월을 우쩨 잡으고
그래도 여행도 가고
공부도 할수 았어 좋더라

1

2

배아아지

박후금

우개조 온 티
가키거를 만는다
의 안새가 뀐4
래사어렵프
든 다
래도 배아 아지

시방

고집녁

고추 쪼 매 하고
콩 쪼 매 하고
팥 쪼 매 하고
딸래도 쪼 매 하고
참개도 쪼 매 하고
닥도 있고
개도 있고
남 업는 영금 있고

또시랑 또시랑 짜 양있지

3　　　　4

마을이 학교다 : 마을 속으로

칠곡군의 성인 문해교육은 2006년 왜관읍 금남 2리 매봉서당에서 처음 시작해 현재까지 칠곡군 전역에서 22곳이 운영되고 있다. 2016년 9월 현재 시를 한 편 이상 쓴 할매 시인은 모두 357명이고, 할매들이 쓴 시편은 모두 710편이다. 참여한 할매의 평균 연령은 79세(1938년생)다.[*]

칠곡군에서 운영하는 성인 문해교육 마을학당이 여느 지자체에서 운영하는 문해교육과 다른 점은 무엇인가? 그것은 처음부터 '마을 속으로' 가서 마을학교의 가능성을 모색했다는 사실과 관련이 있다. 칠곡교육문화회관 지선영 계장과 이한이 주임은 환상의 혼합복식조처럼 칠곡 성인 문해교육 현장에서 발로 뛰며 지원을 아끼지 않은 두 주역이다. 농촌지도사인 지선영 계장은 2004년 교육문화회관과 인연을 맺었다. 식품영양학을 전공한 농촌지도사로서 생활개선 활동이 주 업무였으나, '농촌 문화'에 대해서는 자세한 사정을 몰랐다. '벼'와 '피'도 잘 구분하지 못할 정도였다.

2005년 칠곡교육문화회관이 교육과학기술부로부터 학점은행제 인정 기관으로 인증받아 지역주민을 대상으로 대학에 다니지 않아도 누구나 학위를 취득할 수 있는 칠곡평생학습대학이 개설됐다. 그러면서 문해교육의 필요성을 절감했다. 지역주민에게 교육에 참여

---

[*] 인문사회연구소, 《칠곡 성인 문해교육 할매시 아카이브 운영 결과보고서》, 칠곡군, 2016.

해달라고 하면 막상 온다고 해놓고는 오지 않았다. 대부분 학력이 중졸 아니면 초졸이었던 것이다. 40명 모집인 학점은행제 수강생을 첫해 34명 모집해 진행했다. 그리고 고졸 검정고시반을 개설하고, 다음에는 중졸 검정고시반을 개설하는 식으로 더 낮은 단계로 내려가다 한글교실을 열게 됐다. 한글을 잘 모르는 농촌 할매가 너무나 많다는 사실을 알게 된 것이다. 이곳 할매들은 지금까지 서로의 학력에 대해 전혀 이야기하지 않은 채 살아온 것이다.

어느 마을에서 일어난 일이다. 부녀회 총무를 지낸 어느 할매가 지금까지 한글을 다 아는 듯 지냈다고 한다. 눈치코치로 한글을 읽고 숫자를 읽은 것이다. '내가 한글을 모른다는 사실을 아무에게도 알리지 말라'는 식이다. 자녀들도 어머니가 글을 모른다는 사실을 지금껏 몰랐다. 그런데 글을 잘 모르는 할매가 어떻게 부녀회 총무를 지냈을까? 지선영 계장은 "마을 장부에 대강 한글로 적은 겁니다. 문제는 그 장부를 아무도 보지 않았다는 것이죠. (웃음) 다들 글을 모르니까, 본인만 모르는 게 아니라……." 2015년 화제의 드라마 〈응답하라 1988〉에는 극중 라미란이 아들 류정환에게 "있잖아, 정환아. 엄마가 영어를 몰라. 엄마가 영어를 읽을 줄 몰라. 아들, 미안"이라며 무안해하는 장면이 나온다. 코끝이 찡해지는 장면이다.

할매들 또한 글을 모른다고 말하면 자칫 수치심을 느낄 수 있다. 그래서 교육문화회관에서는 고민 끝에 '한글학교'라고 대놓고 표방하는 대신 '칠곡 늘배움학교'라는 이름을 걸고 마을 속으로 직접 들어가기로 방침을 정했다. "어머님, 한글 다 알고 계신 거 압니다. 그런데 세월이 지나다 보니까 까먹었잖아요?" 그렇게 늘배움학교가 시작됐고, 지선영 계장과 이한이 주무관은 칠판을 비롯해 각종 필기구와 공책을 준비해 마을회관에서 마을학교를 개설했다.

지선영 계장의 말에서 할매 한분 한분의 자존심을 다치지 않도록 헤아리려는 세심한 마음이 느껴진다. 그리고 교통이 불편한 농촌 지역의 특성을 고려해 교육문화회관이 위치한 왜관읍내에서 수강생을 모집해 집합 교육을 하는 대신에, 처음부터 할매들이 사는 마을 속으로 직접 들어간 것이 주효했음을 알 수 있다. 늘배움학교에서는 한글 공부는 조금만 하고 요가·체조·노래 같은 프로그램을 마을 사람을 모아 진행했다. 한글을 모르는 사람만 학교에 온다는 이미지를 지우기 위해 노력한 것이다.

그렇게 10년이 흘렀다. 그사이에 22개의 문해교실은 마을학교로서 제구실을 착실히 수행했고, 할매들의 마음에 변화의 작은 불씨를 심어주어 '할매 시인'이 탄생하는 변화의 동력이 됐다. 2015년에 출간된 시집《시가 뭐고?》는 지난 10년간의 소중한 열매라고 할 수 있다. 처음부터 마을 속으로 직접 들어가기로 한 결정이야말로 칠곡 성인 문해교육에서 신의 한 수였다고 감히 말할 수 있을 법하다.

이와 관련해 에스파냐어로 '마을 속으로'라는 뜻을 함축한 '바리오 아덴트로(Barrio Adentro)'라는 말이 연상된다. 이 말은 보건의료 서비스가 미치지 못하는 지역에 수준급 의료진을 배치하여 누구에게나 무상으로 의료 서비스를 제공하는 베네수엘라의 의료 정책을 일컫는다. 미국인 저자 스티브 브루워가 2007년과 2008년 베네수엘라의 산간 마을 몬테카르멜로에 수개월간 머물면서 그곳 주민들과 생활하며 취재한 내용을 바탕으로 쓴 《세상을 뒤집는 의사들》(검둥소, 2013)에는 창조적 개인주의와 사회적 연대의 가치를 스스로 구현할 줄 아는 '새로운 인간(체 게바라)'이 탄생하는 과정이 기록돼 있다. 이 책의 핵심은 "혁명을 일으키는 의사는 전문성을 살린 의술을 펴는 동시에 혁명 사회를 구축한다"라는 문장에 모두 담겨 있다. 개인의 소질(素質)을 자유롭게 극대화하여 잠재력을 계발하는 것 자체를 목표로 삼아온 바리오 아덴트로 프로젝트의 결실은 '마을 속으로' 직접 들어간 것에서 비롯했다는 점을 빼놓고 말할 수 없다. 칠곡 늘배움학교 프로젝트가 민중교육의 속성을 지닌다고 언급한 것은 바로 이런 면에 주목했기 때문이다. 여전히 상투성을 면치 못하는 우리나라의 성인 문해교육 현장에는 보편적 교육을 위한 새로운 질적 도약과 변화가 동시에 필요하다. 그것은 마을과 학교(배움)가 분리되는 방식이 아니라, 서로 손을 잡는(손-잡기) 원리가 작동하는 방식이어야 한다. 다시 말해 '마을/학교'에서 '마을-학교'로의 전환이 요청된다.

실제로 칠곡 늘배움학교는 지난 10년간 마을-학교의 가능성을 유감없이 보여주었다. 생태-생명-생활이 저마다 따로 분리되고 분절된 것이 아니라, 하나이면서 여럿이고 여럿이면서 하나인 의미로 포괄하려는 사유와 행동을 동시에 보여준 것이다. 다시 말해 할매들은 '마을이 학교'라는 기조 아래 마을-학교의 가능성을 적극적으로 찾아가면서 '함께 살자'는 감각을 마을 단위에서 직접 구현하고 있다. 철학자 펠릭스 가타리가 "개인은 연대함과 동시에 점점 더 다르

시가 뭐고 소화자

논에 들에
할일도 많은데
공부시간 이라고
일도 놓고
헛둥 지둥 왔눈데
시를 쓰라 하네
시가 뭐고
나눈 시금치새
배추씨만 아눈데

시
금
치

배추씨

2015년에 출간된 시집《시가 뭐고?》의 표제작인 소화자
할매의 〈시가 뭐고〉. 지난 10년간 칠곡군의 늘배움학교는
마을학교로서 제구실을 착실히 수행했고, 할매들의 마음에
변화의 작은 불씨를 심어주어 '할매 시인'이 탄생하는 변화의
동력이 됐다.

게 되어야 한다"라고 말한 의미는 바로 이런 것이리라. 그 과정에서 중요한 것은 시를 비롯한 문화와 예술의 역할이다. 그리고 교육이야 말로 문화와 예술을 연결하고 자연-사회-마음생태학을 연결하는 일종의 촉진자로서 제 역할을 수행하고 있음을 칠곡 문해교육 현장에서 실감하게 된다.

배움과 삶이 분리되는 현상이 더욱 심해지는 교육 현장에 있다보니 우리 스스로 '교육이 사회(마을)를 바꿀 수 있을까?'라는 질문을 잊은 것이 아닐까? 어쩌면 그런 질문 과정을 통해 취향과 감각 계발 위주의 (문화예술) 교육에서 성찰과 회복의 (문화예술) 교육으로 전환할 수 있는 것이 아닐까? 이때의 성찰과 회복의 교육은 일각에서 주목받는 이른바 힐링 열풍과는 별다른 상관이 없으며, 일종의 사회적 힐링의 의미일 것이다. 학교(배움)와 지역이 분리되고, 교육과 사회가 분리되며, 배움과 운동 또한 서로를 외면하는 현상을 더이상 내버려두면 안 된다. 칠곡 늘배움학교는 '끈끈한' 관계의 차원을 넘어 '단단한' 구조를 만들기 위한 모의와 실험 그리고 지속적인 사유와 성찰을 중단하지 않으며 이루어온 결실이라는 점에서 각별히 주목받는다.

이것은 2012년부터 지금까지 3개 읍, 5개 면, 203개 리에서 '삶의 숨결이 살아 있는 공동체'를 표방하며 진행되는 '인문학도시 조성 사업'에 참여하는 마을 가운데 절반 이상이 늘배움학교를 운영하는 마을인 데서도 확인된다. 지선영 계장은 "일주일에 두 번씩 마을회관에서 늘배움학교를 운영하다 보니 마을회관이 마을 사람이 모이는 공공의 장소가 됐다"라고 말한다. 수업 전에 같이 밥을 지어 먹고, 같이 공부하고, 프로그램을 진행하다 보니 한글 수업이 있는 날이면 마을 이장까지 참석해 마을의 주요 안건을 논의하고 마을 행사를 공지한다. 한마디로 마을회관이 공동생활 홈(home)이고, 공동급식 센터이며, 공부방이고, 주민 자치 공간으로까지의 역할을 하게 된 것이다. 북삼읍 어로리 마을회관의 경우 늘배움학교가 개설되기 전에는 무거운 자물통이 두 개씩이나 채워져 있었는데, 2013년 마을학교가 개설된 이후에는 회관의 문이 365일 열리고 지역주민이 서로 교류하며 친밀감을 만들어가는 공공장소가 됐다.

19세기 말 이탈리아의 민중회관, 협동조합, 노동회의소 등의 공간이 수행하는 사회적, 정치적 역할을 연구한 캐나다의 정치학자 마거릿 콘은 그런 공간이 풀뿌리 공간을 의미하는 '래디컬 스페이스(radical space)'로서 제 기능을 수행한다고 말한다.[*] 한마디로 마을회관 같은 래디컬 스페이스 '공간'이 '네트워크'를 만든다는 것이다. 북삼읍 숭오 2리에 사는 박태분(76) 할매가 '밥상'이 되기도 하고 '책상'이 되기도 하는 마을회관의 이유 있는 변신에 대해 쓴 시 〈밥상과 책상〉은 공간이 네트워크를 만든다는 점을 증명하는 좋은 예다. 낡은 책상의 모습에서 70대 할매가 되어버린 '나'를 발견하며, 사람의 도리를 잃지 않으려는 모습에서 자기 앞의 인생을 겸허하게 성찰하며 살고자 하는 지극한 마음을 확인하게 된다. 박태분 할매가

[*] 마거릿 콘, 장문석 옮김,《래디컬 스페이스》, 삼천리, 2013.

낮 동안 감농사며 벼농사에 몸이 피곤할 법도 하지만, 밤 12시면 요 위에 엎드려 연필에 침 묻혀가며 공책에 뭐라도 몇 자 적는 일을 멈추지 않는 것도 그런 이유 때문이리라.

"시는 그자 우리 할매들 마음 그대로라. 그냥 좋을 때 적으마 좋은 생각이 나온다. 내 마음에 달렸지 싶어."

누가 이 말에 반박할 수 있겠는가.

밥상과 책상 (일부)

공부하는 날이면 70대 책상 펴고

하하호호 웃음 지으며 행복해하네

단말머리 소녀 시절

동심으로 돌아가네

흰머리 먹칠하고

활짝 핀 호박꽃

너무너무 아름답고 향기가 나네

열심히 배워서

70대 밥상 책상처럼

요긴하게 쓰이면 좋겠네

아니

요긴하게 쓰이도록

노력해야지

밥 상과 책상

박 태 분

우리 마을 회관 밥상이
몇 십 년이 되었는지
너무 너무 퇴롭하다
조금만 의지하면
찌그러져 넘어가네
나이로 말하자면
70대가 된 것 같다
밥 먹을 땐 밥상 되고
공부 할 땐 책상되네
요긴 하게 쓰이네
70대 책상과 70대 우리 탁상
궁합이 딱 맞네
공부 하는 날이면 70대 책상펴고
하하호호 웃음 지으며 행복 해 하네
단 발 머리 소녀시절
동심으로 돌아 가네
흰 머리 덕칠 하고
활짝 핀 토박 꽃
너무 너무 아름답고 향기가 나네
열심히 배워서
70대 밥상 책상처럼
요긴 하게 쓰이면 좋겠네
아니
요긴 하게 쓰이도록
노력 해야지

지역에 '뿌리 내리는' 주민강사

칠곡 늘배움학교에서 주민강사의 역할은 아무리 강조해도 지나치지 않는다. 주민강사는 마을회관에서 진행되는 교육에서 주민과 주민을 연결하는 촉진자이며, 할매 스스로 자신의 내러티브를 연출할 수 있도록 돕는 스토리텔러로서 제 역할을 톡톡히 수행한다. 그뿐만 아니라 마을학교 할매의 귀하디귀한 '딸'로서도 사람 사는 인정을 나눈다. 그런 칠곡군 주민강사의 선발과 실습 과정에는 확실히 특별한 무엇인가가 있다. 그것은 지역에 확실히 '뿌리 내린' 강사를 선발해 역량 강화 교육을 강하게 진행한다는 점이다. 늘배움학교 주민강사는 반드시 두 가지 요건을 충족해야 한다. 첫째는 칠곡군에 거주해야 한다는 것, 둘째는 칠곡교육문화회관에서 운영하는 평생학습대학(2년 과정) 출신자여야 한다는 것이다.

이러한 주민강사 선발 원칙을 고수하는 데는 이유가 있다. 2006년 칠곡군에서는 인적 자원이 부족해 어쩔 수 없이 대구에 거주하는 강사를 모실 수밖에 없었다. 그런데 타지 강사는 수업이 끝나면 곧장 집에 돌아가기 바쁘고, 교육 또한 어려운 어휘법과 음운법 따위를 가르쳤던 것이다. 노년 수업 현장에서 자주 볼 수 있는 기능주의 교육의 폐해를 그대로 보여준 셈이다. 그래서 칠곡군에서는 영남대학교와 손을 잡고 외국어로서의 한국어 강사 자격증 과정을 신설해 30~40대 여성을 중심으로 주민강사를 양성했다. 그렇게 양성된 주민강사를 마을회관에 파견하는 선순환 구조를 만들고자 했다.

강사가 지역주민이니 지역 어르신을 대하는 태도가 다른 것은 당연하다. 세미나와 현장 적용 학습 과정을 통해 학위·자격증 취득 중심에서 취업 중심으로 전환하고자 한 교육문화회관의 방침과도 부합했다. 평생학습과 함께 열린 학습공동체를 구축하며 지역 인재를 양성하는 산실로서 제 기능을 하는 칠곡교육문화회관의 평생학습대학이 성인 학습 전문화를 선도하는 창의적인 평생학습도시의 전국적인 모델이 된 것은 바로 그런 이유를 떼어놓고 말할 수 없을 법하다.

서울 출신으로 대구로 시집 와 칠곡에 사는 황인정 선생은 그렇게 탄생한 대표적인 주민강사다. 황인정 선생은 "처음엔 진도만 나갔다. 틀린 것은 틀렸다고 곧이곧대로 말하니까 할머니들이 상처받고 안 나오시더라. 할머니들의 삶을 조금씩 이해하게 되면서 지식을 가르치는 것이 중요하지 않다는 걸 알게 됐다"라고 말한다. 황인정 선생은 "지금은 할머니들과 진도 빼는 거 걱정하지 않고, 내 마음껏 '벌로' 진행한다"라고 말한다. '벌로'는 경상도 사투리로 '아무렇게나 또는 되는 대로, 마구잡이로'라는 뜻이다. 그러나 표현은 그렇게 하지만, 할매들의 삶에서 그동안 잃지 않고 간직해온 사람의 무늬(人紋)를 발견하려는 교육을 위해 부단히 노력하고 있음을 엿볼 수 있다.

노년 교육을 할 때 강사가 일종의 매개자가 되어야 함은 물론이다. 매개자의 역할은 '잘 노는' 것이다. 어르신을 교육의 대상이 아니라 교육의 주체로서 함께하려는 과정 설계가 중요한 것은 그런 이유와 무관해 보이지 않는다. 노년 (문화예술) 교육의 관점 변화가 절실한 이유가 여기에 있다. 지역사회에서 무엇을 할 것인지에 대한 고민 없이 지원 사업으로 접근하려는 관점과 태도로는 칠곡의 경우와 같은 교육적 성취는 불가능하다.

황인정 선생은 "할머니들은 '시 쓰시라'고 하면 지금도 '골치 아프다'고 말씀하신다. 그럼 '하고 싶은 말 있으면 그걸 쓰시라, 그게 시다'라고 말씀드린다"고 말한다. 장병학(82) 할매의 시 〈고추농사〉는 그렇게 세상에 나왔다.

고추농사

고추금이 헐타
고추씨 사서
뽀더에 키우고
약 치고 물 주고
영감하고
자식처넘 키였다
돈이 허레서 파이다

탄저병으로 말라버린 고추를 키우느라 고생한 마음을 시로 쓴 것이다. 땅은 거짓말을 하지 않는다. 거짓말을 하는 것은 땅도 아니고, 할매도 아니며, 그렇게 마음고생하며 땀 흘려 키운 농부의 정성을 전혀 헤아려주지 않는 세상이다. '돈이 허레서(헐해서) 파이다'라는 장병학 할매의 말에서 수굿하게 땅에 엎드려 사는 이 땅 농부의 속 상해하는 마음이 그대로 전해져온다.

교육에 참여한 할매들의 변화는 눈부셨다. 황인정 선생은 대학에서 연극 활동을 한 경험을 살려, 4년 전 어로리 할매들과 '보람할매극단'을 만들어 극단 단장 겸 로드매니저로 활동한다. 공연 요청이 끊이지 않는다. 평균 연령 75세의 할매 열두 명으로 구성된 보람할매극단은 TV 프로그램 〈6시 내고향〉(2015)을 통해 연극 〈흥부네 박 터졌네〉를 준비하고 상연하는 모습이 전파를 탄 것을 비롯해 여러 미디어에 소개됐다. 물리치료를 하지 않으면 꼼짝 못하는 최순자(71) 할매는 "이 나이에 이리 바쁠 줄 몰랐다"라며, "연극하다 보니까 몸 아픈 것도 다 잊어뺐다"라고 말한다. 보람할매극단은 2015년 실버 문화 페스티벌에서 최우수상을 받았으며, 오늘도 서울로, 대구로, 제주도로 '짝대기를 짚고 공연하러' 다니느라 정신이 없다. 할매들의 이러한 활동을 보노라면 늘배움학교 프로젝트가 자신의 삶과 노동을 통제할 수 있는 능력을 가진 주체자로서 할매들의 자존감 향상에 혁혁한 공을 세웠다는 점을 여실히 알 수 있다. 황인정 선생은 최근 고령으로 할매 배우 아홉 명이 은퇴하는 바람에 신규 단원을 충원해 연기 지도를 하느라 여념이 없다.

주민강사 또한 할매들과 함께하면서 자신도 변하며, 동시에 지역 변화를 선도하고 있다. 주민강사는 역량 강화를 위해 다른 활동에도 활발히 참여한다. 이는 성인 문해교육 강의만 맡아 하는 주민강사가 한 사람도 없는 것에서도 알 수 있다. 다문화 가족 지원 활동, 동아리 활동뿐 아니라, 인문학 마을 리더로서도 다양한 활동을 한다. 주민강사가 할매들을 걱정하는 마음은 뭉클한 감동을 주기에 충분하다. 누가 시킨 것이 아닌데도 제세동기 작동법을 비롯해 응급처치 교육을 한 사람의 낙오자 없이 22명 전원이 참여해 교육을 받았다. 지선영 계장이 "교육문화회관은 지역에서 활동하는 인력 양성소일 뿐만 아니라 행복 충전소"라고 자신 있게 소개하는 것도 결코 무리가 아니다. 그렇게 주민강사가 사람을 걱정하며 활동하는 한, 칠곡 늘배움학교의 현재는 물론이요 미래 또한 밝다고 감히 확언할 수 있다.

할매들 또한 교육 참여 이전과 이후가 확 달라졌다. 동명면 금암 3리 사랑의학교에 다니는 대천댁 박후불(75) 할매는 침침해진 눈 때문에 1년 가까이 힘들었다. 그런데 수술을 받고 수업에 가니 칠판이 '환하이 다 보여' 광명을 찾은 기쁨의 감정을 "심봉사도 나만큼 좋아했나"라고 표현한다. 이제는 아무 걱정 없다는 박후불 할매는 공부를 다시 시작하면서 말투가 더 당당해졌다.

눈

즐거운 마음으로
학교에 갔다
눈이 침침해서

칠판에 글이 안 보였다

눈물이 났다

안과에 가서 수술했더니

아니! 이럴 수가 있나

칠판에 글이 잘 보인다

글이 잘 보여 눈물이 났다

심봉사도 나만큼 좋아했나

칠곡 할매들의 이러한 변화는 어떠한 교육적 의미를 갖는가? 상종열 박사는 〈자활 참여자의 인문교육 체험에 대한 현상학적 이해〉* 라는 논문에서 일종의 '단군신화 속 호랑이와 곰의 인간 되어가기' 라는 비유로 설명한다. 상종열 박사는 2008년부터 2011년까지 진행된 '서울시, 희망의 인문학 과정' 참여 자활 근로자 열세 명을 대상으로 심층 인터뷰한 내용을 정리한 이 논문에서 "인문교육 이후 드러나는 연구 참여자의 의식의 지향은 '사람답게 살아가기'였다" 라고 요약한다. 참여자가 인문교육을 통해 자신의 삶을 스스로 만들어가고자 하는 '의식의 지향'을 분명히 나타낸다는 것이다. 상종열 박사가 철학자 반 메넨이 제시한 '네 가지 실존체', 즉 체험된 신체성·공간성·시간성·관계성을 제시하고 교육 이후에도 지속되는 지

---

* 상종열, 〈자활 참여자의 인문교육 체험에 대한 현상학적 이해〉, 성공회대학교 사회복지학과 박사학위 논문, 2013. 2.

평융합이라는 면에서 참여자의 변화 양상을 분석한 점은 칠곡 할매에게도 그대로 적용 가능하다. 지평융합이란 무엇인가? 그것은 참여자가 위축과 소외에서 벗어나 '자신의 본래성을 회복'하면서 삶을 각자의 방식대로 만들어가려는 힘을 의미한다. 상종열 박사는 이렇게 말한다.

"나의 특수성에서 시작하여 타자의 특수성을 통합하고 극복하면서 높은 보편성을 확보해갔다."

특히 체험된 신체성 항목에서 일어나는 변화 양상을 보자. 밝아진 얼굴, 온화한 눈빛, 많아진 웃음, 편안해 보이는 모습 같은 신체 변화는 공통된 특징이다. 당당해진 나, 떳떳해진 나로 변신한 참여자가 교육 과정에서 새로운 꿈과 목표를 형성해 교육 이후 삶에서도 용기, 자신감, 의지, 노력을 갖게 된다는 점을 확인할 수 있다. 칠곡 할매들의 경우 삶의 무늬를 성찰하는 인문(人文/人紋) 교육 과정을 통해 복지-노동-교육-문화 면에서 긍정적인 효과를 발휘한다는 점을 이해할 수 있다. 이 점에서 칠곡 할매들이 배우는 한글은 단순한 한글교육이 아니다. 철학자 에른스트 블로흐가 말한 일종의 '희망 원리'가 된다고 보아야 옳다. 인문교육이 영혼 없는 사회에서 할매들에게 '영혼의 귀환'을 실현하는 희망의 원리가 되는 셈이다.

이 모든 것은 '사람을 만나는' 행위에서 시작됐다. 미국의 버락 오바마 전 대통령과 힐러리 클린턴 전 국무장관이 가장 존경하는 인물로 꼽은 사울 D. 알린스키가 《급진주의자를 위한 규칙》에서 주민 조직화를 위해서는 "사람을 만나라!"라고 강조하는 맥락도 그런 이

고추농사

장병학

고추금이 헐타
고추 씨 사서
뽀더에 키우고
약 치고 물주고
영 감 하고
자식 처럼 키웠다
돈이 허레서 파이다

눈

박후불

즐거운 마음으로
학교에 갔다.
눈이 침침해서
칠판에 글이 안 보였다
눈물이 났다
안과에 가서 수술 했더니
아니! 이럴 수가 있나
칠판에 글이 잘 보인다
글이 잘 보여 눈물이 났다
심봉사도 나만큼 좋아했나

유와 무관하지 않다. 그는 이렇게 말했다.

"조직가로서 나는 내가 원하는 모습의 세상이 아니라, 있는 그대로의 세상에서부터 시작해 나간다."[*]

칠곡의 주민강사 또한 '있는 그대로의 세상'에서부터 시작한다. 주민강사는 요즘 늘배움학교 어르신 한분 한분을 조명하는 구술 자서전을 정리 중이다. 고점석 할매 자서전을 비롯해 몇몇 할매의 살아온 이야기가 몇 권의 책으로 이미 출간됐다. 김도현 선생은 "학산리 어머니들은 기운이 몹시 강하다. 뭔가를 시작하면 적극적이어서 꼭 이루고자 한다"라고 말한다. 이 말에서 알 수 있듯이, 칠곡 할매들은 학력(學歷)이 아니라 배움이 힘이 되는 학력(學力)을 신뢰하며 한 사람의 온전한 주체로 성장해가고 있다고 해도 과히 틀린 말은 아닐 것이다.

할매의 '내러티브'를 잘 듣자[**]

칠곡군 교육문화회관이 주최하는 마을학교 형식의 늘배움학교는 우리 시대의 노인은 누구이고, 노년 문화예술 교육은 어떠해

---

[*] 사울 D. 알린스키, 박순성·박지우 옮김, 《급진주의자를 위한 규칙》, 아르케, 2008, p.28.

[**] 이 내용은 한국문화예술교육진흥원이 발간하는 웹진 《아르떼365》(2016. 1. 18.)에 실린, 필자와 신동호 인문사회연구소장 간의 인터뷰 〈'내러티브'를 잘 듣는 것부터 시작하자〉의 내용을 발췌, 축약, 정리한 것이다.

야 하는지에 대해 많은 시사점을 준다. 칠곡군의 인문학도시 조성사업을 비롯해 2017년에는 '싸부작학교'를 준비하는 등 칠곡 인문교육의 진화는 계속된다. 칠곡군과 협의하며 인문학도시 조성사업을 총괄하는 신동호(50) 인문사회연구소 소장은 시집 《시가 뭐고?》의 반응이 어떠냐고 묻자, "할매들은 '내가 쓴 글이 시가 되는구나' 말씀하시고, 자녀 세대인 학부모는 시를 읽으며 '엄마 생각이 난다'고 말하는가 하면, 시인은 할매들의 시가 '시의 초심을 다시 생각하게 하는 힘이 있다'고 말한다"라고 밝힌다. 좋아하는 시는 사람마다 조금씩 다르지만, 독자는 〈이레 속고 저레 속고〉, 〈시방〉, 〈시가 뭐고〉, 〈컵피〉 같은 시를 특히 좋아한다고. 시의 행간에서 맛볼 수 있는 살아 있는 입말(口語)의 매력 덕분일 것이다.

"시집의 '기획의 말'에 쓴 그대로 마을에서 만난 할매들은 '인문학, 그기 뭐고? 우리 사는 모습이 인문학이지'라고 말씀하신다. 할매들은 '경로당 화투 치냐'며 면박을 주는 타짜였고, 텔레비전 드라마를 끊임없이 삶의 경험과 직조하는 스토리텔러였고, '먼저 간 영감이 못 알아볼까 봐 들고 갈라고' 혼서지(婚書紙)를 보관한다는 로맨티시스트셨으며, '찬바람 고들고들할 때 볕에 날라리날라리' 무말랭이를 말린다는 이야기꾼이셨다. 다시 말해 살아 있는 구술의 세계에 사시는 분들이시다. 문사철(文史哲) 같은 강단 인문학이 아니라 삶의 인문학, 생활의 인문학을 이미 암묵적으로 터득해 평생을 살아오신 분들이시다."

신동호 소장은 칠곡 늘배움학교를 비롯해 인문학도시 조성사업의 가장 큰 특징은 '느리게 가는 힘'이라고 강조한다. 빨리 성과를 내려 하지 않고, 우리가 왜 이 사업을 하며 뭘 얻으려 하는지를 자문자답하며 가고자 한다는 것이다. 처음 인문학도시 조성사업을 시작할 때 가장 많이 한 일이 지역주민을 만나 간담회를 조직한 것인데, 그런 사정 때문이다. 나중에 마을 단위에서도 '생각밥상'이라는 이름으로 주민 간담회를 진행했다.

인문학도시 조성사업은 "사람 중심의 마을을 만들자"는 차원에서 추진하는 사업이다. 다시 말해 눈에 보이는 시설을 짓듯이 무엇인가를 '만들려고' 추진하는 사업이 아니다. 바로 그런 이유 때문에 칠곡 인문학도시 조성사업에서 가장 중요한 비중을 차지하는 사업이 '사람 양성' 사업인 점은 당연하다. 마을의 가장 큰 가치는 사람이고, 사람 중심의 성장을 추구하고자 한 것이 칠곡 인문학도시 조성사업의 가장 큰 특장점이다. 그렇게 인문학도시 조성사업을 시작하자 '올 한 해 잘 놀고 잘 살았다'고 말하는 주민이 늘기 시작했다. 참여 주민들이 서로의 삶을 배우고 한동네 사는 주민들을 '재발견'하며 행복지수가 높아진 것이다. 그런 주민들이 주민 강사로 성장하며 스스로 마을 리더가 되어갔다. 이제는 사업설명회도 스스로 직접 기획하고 진행한다. 이러한 변화 과정에서 늘배움학교에서 공부하며 성장한 할매들이 응원군 역할에 머무르지 않고, 삶의 주인공으로 혹은 마을의 주인으로 성장해가고 있다. 신 소장은 "동네 주민들이 가진 자산으로부터 출발하고자 한 점이 주효한 것 같다"라고 말한다.

노년의 배움은 중요하다. 그러나 노년의 배움은 출세하기 위해 배우는 배움과는 분명 차원이 다르다. 신동호 소장은 "어르신의 배움은 공동체에서 같이 놀고, 즐기고, 소통하는 가치라고 할 수 있다"라고 덧붙인다. 평생 '손'으로 살아온 세대인 어르신을 삶에서 습득한 지혜와 기술을 가진 '삶의 장인'으로 존중하고, 그분들의 지혜와 삶의 기술을 공유하려는 과정 설계가 더 중요하다. 무엇인가를 가르치기보다는 어르신이 이미 가진 걸 스스로 꺼낼 수 있는 교육을 더 고려해야 한다. 따라서 강사를 파견하고 프로그램을 공급하는 방식으로 진행되는 현재의 노년 문화예술 교육이 철학과 운영 면에서 큰 변화가 필요한 것은 두말할 나위가 없다. 할매들이 구사하는 구술의 힘을 되살리고, 야생(野生)의 사고를 하는 것에서부터 새롭게 '리셋' 해야 할 필요가 있다.

신동호 소장은 "무엇인가를 가르치려고 하기 전에, 그들의 세계를 탐문하는 과정을 먼저 하라"라고 주문한다. 교육 참여자의 창의성, 자기 주도성을 중시하려면 무엇보다 참여자의 내러티브를 잘 들어야 한다는 말이다. 그는 공동체적 시민성은 참여자의 내러티브를 잘 듣는 과정에서 형성된다고 본다.

"시민성, 관계 설정, 공동체에서의 역할을 하는 (노년) 문화예술 교육을 위해서는 조금 느리게 가야 하고 잘 놀아야 한다. 교육은 자극이고, 강사는 길을 안내하는 사람이다. 교육자-피교육자 구조를 깨는 발상의 전환이 시급하다."

신 소장의 이런 주장을 어느 누가 반박할 수 있으랴. 실제 주민강사로 참여한 강사 또한 선생이라는 생각보다는 자식 같은 마음으로 매주 두 번씩 마을회관을 오간다. 그러다 보니 할매들이 부탁하는 온갖 잔심부름을 도맡아 하며 손발 노릇까지 수행한다. 할매들 또한 '뇌물' 공세를 아끼지 않는다. 이른바 뇌물의 품목이 퍽 다양하고 어마무시하다. 고구마, 참기름, 감 같은 농산물이 대부분이다. 자식보다 더 자주 만나는 주민강사를 통하면 칠곡군 주민이 살아가는 일상의 모습을 그대로 확인할 수 있다. 지선영 계장은 "마을에 딸을 한 명 더 보내드리는 것 같다"라며 함박웃음을 짓는다.

결국 시민 문화예술 교육이라는 큰 틀에서 현재의 학교 문화예술 교육과 사회 문화예술 교육 간의 칸막이 체제를 깨는 통합의 과정이 필요하며, 노년 문화예술 교육을 비롯한 문화예술 교육 정책 사업의 경우 '평생 문화예술 교육'이라는 틀로 새로 판을 짜야 한다는 견해로 요약된다. 그런 과정 속에서 공적 주체로서의 시민, 자율적이고 창의적이며 통합적인 사고를 하는 시민이 양성될 수 있는 교육 시스템을 갖추게 되는 것이 아닐까? 그리하여 한 사람의 노년이 '선배 시민'으로 탄생하기를 나 또한 진심으로 바라 마지않는다.

새로운 실험학교, 싸부작학교

2017년 칠곡군 교육문화회관은 인문사회연구소와 손을 잡고 새로운 실험학교를 준비하고 있다. 이름은 '싸부작학교'라고 지

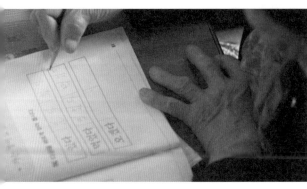

2012년부터 지금까지 3개 읍, 5개 면, 203개 리에서 '삶의 숨결이 살아 있는
공동체'를 표방하며 진행되는 '인문학도시 조성사업'에 참여하는 마을 가운데
절반 이상이 늘배움학교를 운영하고 있다. 위 사진은 북삼읍 숭오 2리의
금오학교.

었다. '인생 4부작'이라는 의미도 있고, '우리끼리 사부작사부작하자'는 의미 또한 함축되어 있다. 아직 뼈대만 잡았을 뿐 구체적인 방법은 구상 중이다. 싸부작학교는 인문학도시 조성사업을 통해 그 필요성을 절감하며 구상한 것이지만, 신동호 소장과 지선영 계장은 자주 머리를 맞대고 구체적인 방법을 연구하고 조율하느라 바쁘다. 특히 2016년 4월 서울시가 오랜 준비 끝에 은평구 서울혁신파크에 첫 캠퍼스를 마련한 '서북50플러스(+)'를 비롯해 2015년 3월 수원시 평생학습관에 보금자리를 튼 '뭐라도학교' 모델을 연구하고 있다. 무엇보다 칠곡군은 인구 12만 명이 사는 농촌인 만큼 지역 실정에 맞는 실험학교를 만드는 것이 가장 중요하다고 본다. 서울 같은 메트로폴리탄도 아니고, 인구 100만 명이 넘는 중도시 수원과도 또 다른 경우가 되어야 하기 때문이다.

싸부작학교는 5060세대를 핵심 동력으로 삼으려 한다. 5060세대라는 말에는 두 가지 함의가 있다. 이른바 서드 에이지(Third Age)에 해당하는 50~60대라는 의미도 있고, 1950~1960년대에 출생한 세대라는 의미도 있다. 칠곡 같은 군 단위 지역에서는 이 세대가 여전히 '허리 세대'로서 중추적인 역할을 할 수밖에 없다고 보기 때문이다.

신동호 소장은 "일종의 리좀(rhizome)적 생태계, 중심이 여럿인 다핵적 거버넌스의 형태가 될 것"이라고 개요를 설명한다. 다양한 생태계 조성과 활성화를 위한 협의 테이블로서 '네트-워크숍' 형태로 운영한다고 보면 이해가 빠를 듯하다. 학부/대학원 과정처럼 기초/

심화 과정을 도입해 어르신과 주민의 생애 기술에 기반한 배움학교를 운영하되 소셜 다이닝, 소셜 픽션 같은 네트워크 프로그램을 통해 참여자가 각자 잘할 수 있는 것을 구현할 수 있는 플랫폼 구실을 하자는 것으로 이해된다. 스스로 깃발을 드는 대신에 사람들이 깃발을 들 수 있는 환경을 조성하기 위해 힘을 써야 하는 것은 어쩌면 당연한 일이다.

2017년 역점 사업으로 추진되는 싸부작학교는 인문귀촌사업 예산으로 진행된다. 그런데 2017년에는 귀촌의 개념을 다시 정립하려는 차원에서 사업을 구상하고 있다. 외부에서 사람이 귀촌하는 형태가 아니라, 지역사회 구성원이 서로 마주칠 수 있는 배움학교 플랫폼 형식으로 운영하면서 농촌을 존중하는 마음의 문화를 형성하려는 것이다. 다시 말해 1차적으로 공동체 구성원 간 관계 맺음을 통해 지역 내 협력 체계를 구축하고, 그 뒤 2차적으로 외부 사람이 오는 방식인 것이다.

'귀촌(歸村)은 귀촌(貴村)'이라는 인식을 강화하여 농촌·농업·농민을 존중하는 마음의 습관으로 자리 잡기를 나는 진심으로 희망해 마지않는다. 도농교류라는 이름으로 농민에게 지나친 서비스를 요구하는 형태의 지금의 귀농귀촌 프로그램 혹은 농촌체험 휴양마을 사업은 마땅히 수정되어야 한다. 2004년부터 만 8년간 전북 진안군에서 마을 만들기와 귀촌귀농 정책을 총괄한 경험이 있는 구자인 충남마을만들기지원센터장이 근자열원자래(近者悅遠者來) 정신*을 강조하는 데는 다 이유가 있다. 공자가 말한 '근자열원자래'는 '가까이 있는 사람을 기쁘게 하면 멀리 있는 사람이 찾아온다'라는 뜻으로, 사람을 생각하는 문화 귀촌을 위해서는 먼저 그곳 주민들이 자기 마을에 대해 자긍심을 갖고 기쁘고 즐거운 마음 상태여야 외부에서 오는 귀촌자 또한 그 마을을 존중한다는 원칙을 표방한 것이라고 할 수 있다.

결국 지역이란 마음의 공동체다. 칠곡군은 실험학교인 싸부작학교를 준비하면서 이 점을 잊지 않으려 한다. 그래서 치열하게 준비하되 결코 서두르지 않는다. 시집《시가 뭐고?》가 나오는 데 10년이 걸린 것처럼. 이것은 사람의 프리즘으로 지역을 다시 읽고, 엮고, 펼쳐내는 칠곡 고유의 서사 전략이라고 해도 틀리지 않다. 그런 준비와 숙성 과정에서 역사적 주체로서의 '개인'의 지위를 회복하고, 삶의 기술과 예술로서의 인문학의 보고인 사람에게 주목하고자 하는 것이다. 할매시 달력을 만들고, 할매시 탁상 캘린더를 제작하는 것은 그런 과정의 일환이다. 계절작물 관련 주제를 정해 할매들이 쓴 시를 활용해서 달력을 만드는 것이다. 현재 기초 자료 아카이빙과 콘텐츠 아카이빙을 마쳤고, 지금도 활용하지만 앞으로도 더욱 할매시를 활용해 교육과 체험→전시·예술 기획→축제로 승화할 계획이다. 할매 한분 한분이 쓴 시를 최대한 존중하며 문학적·역사적·인문적 가치를 공유함으로써 새로운 '칠곡학'을 조성하려는 칠곡의

---

* 홍기빈 외,《50플러스의 시간》, 서해문집, 2016. '제2중년의 시대 빛나는 인생 후반전 설계도'라는 부제를 단 이 책은 서울시 50플러스재단이 기획했다. 박원순 서울시장을 비롯해 열한 명의 분야별 전문가가 50+ 인생을 제안한다.

행보에 눈길이 가는 것은 그런 이유 때문이다.

학산 1리 마을회관에서 진행되는 수업이 끝나간다. 김도현 선생이 "다음 시간에는 사이시옷에 대해 공부합니다"라며 수업을 마친다. 수업이 끝나자 할매들은 감, 사과 따위를 내놓고 서로 나누어 먹으며 공부의 피로감을 푼다. 곧이어 생일을 맞은 할매를 축하하는 파티도 열린다. 나는 잠시 사이시옷의 용례를 생각한다. 사이시옷은 결합하는 단어가 합성어여야 하고, 뒷말의 첫소리가 된소리로 바뀌거나 'ㄴ' 음이 덧나는 경우여야 하며, 합성어를 이루는 두 요소 중하나 이상이 반드시 고유어여야 한다는 세 가지 엄격한 규칙을 따른다. 쉽게 말해 사이시옷은 두 단어를 '연결'하는 속성이 있으며, 한 단어 이상이 '고유어'여야 한다. 어쩌면 칠곡 늘배움학교 프로젝트는 사람과 사람을 '연결'하되 저마다의 '고유성'을 존중하는 인문교육의 한 가능성을 보여주는 것이 아닐까? 비유적으로 말해 칠곡할매들의 시 쓰기는 사이시옷의 의미를 배우는 시간의 산물이 아니었을까 싶다. 이런 생각이 허무맹랑한 억측은 아닐 것이다.

'이웃 사람'을 생각하는 금암 3리 이태연(82) 할매의 시 〈내 기분〉을 감상하는 것으로 글을 마치려고 한다. 이태연 할매는 사연 많은 삶을 사느라 나이 일흔이 넘어서야 다니던 공장 일을 그만두고, 3년간 한글 공부에 참여해 결석 한 번 하지 않고 공부에 매진했다.

"아무 데도 안 가고 여서(마을회관) 글을 딱 배웠단다."

어쩌면 그런 마음을 표현하고 싶어 이 시를 썼으리라. 칠곡 할매들이 내딛는 발걸음이 자못 당당한 데는 그럴 만한 확실한 이유가 있었다. 할매들이 건강하게 오래도록 자기만의 이야기를 세상에 펼쳐놓기를 진심으로 기원한다. 온몸으로 삶을 살며 '시 쓰기는 삶 쓰기'라는 점을 말해주는 칠곡 할매들이 묻는다. '독자인 당신의 이야기는 무엇인가?'

내 기분

이웃집 할망구가

가방 들고 학교 잔다 놀린다

지는 이름을 못 쓰며사

나는 이름도 쓸 줄 알고

버스도 안 물어보고 탄다

이 기분 니는 모르제

이태연 〈내 기분〉

꽃은 철 따라 피는데

김말순

꽃은 철따라 피는데
사람은 한번 가면 다시 올줄 모러나요
사람도 꽃 잡이 다시 도러오면

을마나 조을거요
꽃처음 다시 피어나면
을마나 조을까
사람도 철 따라오인
월마나 조겠습니까

1 김말순 〈꽃은 철따라 피는대〉
2 김소순 〈영극〉
3 김옥교 〈팔십 청춘〉
4 도필선 〈매화 배움학교〉

팔십청춘

김옥교

산과 들에 피고지는
꽃과 풀들은
해 마다 꽃 피고 싸이 나는
청춘을 맞이 하는데
내 나이 이제 팔십을 넘어
시간이 갔는지
알 수가 없네
청춘은 살수도 없고 판심켜다
밭에 가서 종일 있다 오면
아무도 바를 사람없고
고양이 두마리
나를 보고 반갑 다고한다
그래도 고양이 밥 주고나면
김옥교는 행복해

매화 배움학교

서재댁 도필선

매화 배움 학교 입학생 때땐
벌써 인벤이 지나버렸네
매일 포도밭에서 포도 송이 같이 서툴하다 보니
포도 알만 땡글 땡글 눈에 밟리더니
이제는 포도 알이 'ㅇ'이요 포도앞이 'ㅍ' 같다
오래 살다보니
오래 재있는 일도 있네
오래 살고 볼일이다
매화 배움 타고 선생이 되었다
두근 두근 콩다 콩다 교실에 들어가니
포도 송이 같이 땡글 땡글한 아이들이
나만 쳐다 본다 내 얼굴만 쳐다 본다
희안하고 신기하다 내가 할때 선생님이 되었다
오래 살다보니
오래 재있는 일도 있네
오래 살고 볼일이다

소망의 나무 61쪽
박갑임

흩어지는 마음을 잡으려고
공부를 합니다

쓰고 읽고 쓰고 읽어도
마음이 자꾸 떨어집니다
마음이 상하고 힘이듭니다
소망의 나무를 공부할때
이 쪽에 내 이름과 가족
학교 이름도 쓰라고 합니다

박갑임 김덕원 한솔 배움터
며느리는 성은 빼씨고 이름은
모르겠습니다
공부를 하니까 생각이 좋아집니다

1

가 는 꿈

박금

인지 아무거또업다

묵고시픈거또업따
하고시픈거도없다
갈때대가곱게잘
가느게꿈이다

2

사 랑　　박월선

　사랑이라 카이
부끄럽다
　내사랑도
모르고 사랐다
절 을때는쪼매 사랑해조대
그래도 뽀뽀 눈안해 밧다

3

농가 먹어야지

　　박차남

마늘을 캐 가지고
아들 딸 다 농가먹었다
논에는 깨를 심었는데
짚은 깨 농사지어서
또 다 농가먹어야지
깨가 아주 잘났다

4

한글공부   박후불

어릴적
산 골짝에 남자 아이들
학교 보내주고 여자들은
공부하면 남의 집에 간다고
보내주지 않았다 남동생
둘은 학교가고
늦게 언니들은 서당에
갔다 나는 소꼴 베러 다니고
조금 베면 아버지 쫓아냈다
마을회관 한글공부
내눈을 뜨게 하고
흐리게 보였던 간판이
환하게 보인다

1

민들레   양화자

겨울이 지나고 봄이왔어요

민들레 꽃이 예쁘게 피어서요

벌과 나비가 날아왔어 노란

민들레 꽃에 앉자서 놀고 있다

민들레는 그사이에 꽃 봉우리가

되어서 어디론지 훨훨 날아가다

2

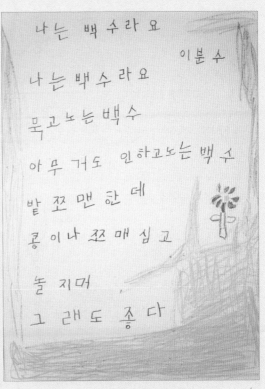

컵피

윤분이

컵피 한잔을 태워 놓고
홍저면 내마음이 허뭇 하네
그 컵피 향기가 날을 유혹하네
나는 그향기에 빠저들어
컵피를 내입술에 다가 오면
난 그컵피에 내입술을 대어
마구 빨아 버리래 빨다
보면 컵피 입술이 다 딸아
지고 내입술만 혼자
남내

3

나는 백수라요

이분수

나는 백수라요
묵고 노는 백수
아무거도 안하고노는 백수
밭 쪼 맨한 데
콩이나 쪼매 심고

놀지머
그래도 좋다

4

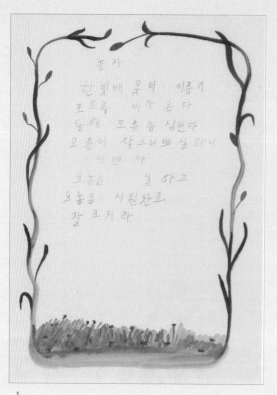

농사

한빛배움터 이종기
조르록 비가 온다
둘째 모종을 심는다
오종이 작으니 뿌실하니
이쁜다

오늘은   실 하고
오늘을 시원찮고
잘 크거라

영감

장병학

영감이
성질이
급하다
할매가
애를 떠는다
그래도
영감이

없으면
섭섭하다

기리 끼리

장윤순

회관 학교   홍복남

우리 집 옆에 마을회관에서
밥도 해먹고 데레비도 보고
화토도 치고 했다
선생님 오셔서
공부하니까 소래도 하고
이야기도 하고 그림도 그리고
회관이 학교다

3

백년 역사 머금은 막춤, 할매는 춤춘다

안은미컴퍼니와
〈조상님께 바치는 댄스〉

할매들의 막춤이 세계 공
연예술의 중심, 유럽을
강타했다. 주름진 몸이
만들어내는 투박한 몸짓
에는 굴곡 많은 근현대사
백년의 세월이 응축되어
있다. 살아 있는 모든 것
은 춤을 춘다. 노인도 마
찬가지다.

©최영모

©고홍관

©최영모

할머니들과 무용수들이 은빛으로 반짝이는 미러볼을 와이어에 걸었다. 미러볼이 공중으로 솟아오르며 동시에 눈발이 휘날리듯 화려한 조명이 무대를 뒤흔든다. 반짝이는 미러볼, 번쩍이는 조명과 흥이 절정에 달한 무대 위에서 춤꾼들이 어우러져 한판 난장을 벌인다. 이윽고 관객마저 무대로 난입해 저마다의 춤사위를 폭발하자 무대의 에너지는 그야말로 무아지경의 상황으로 접어든다.

〈조상님께 바치는 댄스〉의 마지막은 항상 공연장 안의 모든 사람이 무대 위에 올라 벌이는 춤판이다. 커튼콜이 끝나고 춤꾼 안은미 씨가 무대로 올라가 관객을 초대하면, 누군가는 벌써 소문을 들어 알고 있다는 듯 뛰어오르고 누군가는 살짝 망설이다 올라온다는 차이가 있을 뿐 무대 위에서 다들 신명 나게 어우러진다. 한국 사람이든 프랑스 사람이든, 남자든 여자든, 젊은이든 노인이든 상관없다.

그 순간엔 춤으로 넘실대는 무대 위의 흥겨움만 남을 뿐이다. 공연의 피날레는 춤의 본질인 흥겨움과 에너지의 발산으로 돌아가자는 외침과도 같다.

〈조상님께 바치는 댄스〉는 2011년 두산아트센터 초연 이후 '안은미컴퍼니'의 고정 레퍼토리로 자리를 잡았다. 2014년 프랑스 여름축제, 2015년 프랑스 가을축제 초청으로 세계 현대무용의 성지인 테아트르 드 라 빌(Théâtre de la Ville)에서 공연했고, 2016년에는 클레몽 등 프랑스 남부 7개 도시, 스위스 4개 도시 초청 공연까지 〈조상님께 바치는 댄스〉가 거둔 성취는 눈부시다. 관객의 열광적인 반응은 한국에서도, 프랑스에서도, 스위스에서도 계속됐다. 전문가의 열광도 이어졌다. 몇몇 평론가의 이야기를 들어보자.

> 나이를 무색케 하는 그들의 댄스는 진정으로 '삶의 감각'이요, '환희' 자체였다. 엉뚱하고 경망스러운 제목이지만, 조상님께 무엇을 바칠까 생각해보면 이만큼 값진 것이 과연 있을까? _정진삼, 웹진《인디언밥》편집위원

> 안은미의 춤은 일단 신난다. 신나게 논다. 춤꾼도 즐겁고 안은미도 즐겁고 관객도 즐겁다. 또한 지적이며 민감하다. 어떤 사조와 정보에 뒤지지 않는다. 그녀는 체계를 거부하고 형식적 완성도와 담을 쌓는다. 그래서 코드나 흐름 같은 어려운 걸 몰라도 그녀의 춤은 즉물적으로 즐길 수 있다. _김남수, 무용평론가

삶에 대한, 땅과 몸에 서린 우리의 정서에 대한, 한국의 여인에 대한 격렬한 통증과 치유와 긍정의 환희를 담고 있다. 근래 그 어떤 연극이 한국인의 삶과 정서를 몸에 담아 이처럼 단순 명료하게 정곡을 강타했던가? _ 김방옥, 연극평론가

평론가 세 사람의 비평을 가로지르는 키워드도 환희(즐거움)다. 한국 관객에 이어 프랑스 관객, 평론가까지 찬란한 즐거움으로 이끄는 안은미컴퍼니의 대표이자 〈조상님께 바치는 댄스〉를 연출한 안은미 예술감독이다. 안은미가 누구인가? 빡빡 밀어버린 머리카락, 남다른 패션 감각, 열정적인 언변까지. 그녀를 한 번이라도 만나본 사람은 결코 잊을 수 없는 강렬한 인상의 소유자다. 안은미 예술감독은 1990년대에 미국으로 건너가 뉴욕에서 활동하면서 원시적 생명력과 파격, 예측 불허성으로 주목받았다. 도발적 상상력은 타의 추종을 불허했고, 2000년대 독일의 세계적 안무가 피나 바우슈와 인연을 맺으면서 유럽 무대에서도 인정을 받았다. 특히 〈춘향전〉을 비롯한 우리 고전을 현대무용으로 풀어내는 독특한 스타일은 세계의 이목을 끌기에 충분했다. 안은미 감독은 이에 대해 '서구에서는 오리지널리티(독창성)를 중요하게 여긴다'며 자신의 춤이 유럽에서 주목받는 이유를 설명한다.

1

2

1 할머니들과 무용수들이 반짝이는 미러볼과 조명으로 가득 찬
무대에서 춤추고 있다. 2011년 두산아트센터 초연. ⓒ최영모
2 2015년 파리 가을축제. 공연이 끝나고 관객들이 무대로
올라와 함께 춤추고 있다. ⓒ고흥균

ⓒ안은미컴퍼니 ⓒ최영모

안은미 예술감독. 안은미의 공연은 언제나 원시적
생명력과 도발적 상상력으로 예측을 불허한다.

할머니, 막춤의 발견

〈조상님께 바치는 댄스〉는 2010년에 시작됐다. 안은미 감독은 네 명의 무용수, 세 대의 카메라와 함께 자전거를 타고 전국을 돌았다. 충청도, 전라도, 경상도, 강원도를 돌면서 할머니를 만날 때마다 춤을 권하고 그 몸짓을 기록으로 남겼다. 60대에서 90대에 이르는 평범한 시골 어르신은 춤을 권하는 이 낯선 무리를 내치지 않고 자신들의 춤을 보여주었다.

안은미 감독은 할머니와 친해지는 방식도 남달랐다. 그녀가 경로당에라도 들어가면 할머니는 대뜸 묻는다. "남자여, 여자여?" 빡빡머리에 스타일도 종잡을 수 없으니 성별 구분이 안 되는 것이다. 그런데 묻는 동시에 팔을 뻗어 안은미 감독의 가슴께를 덥석 만져본다. 그제야 나오는 말이 "응, 여자구먼". 와르르 터져 나오는 웃음과 함께 거리감도 순식간에 무너진다. 안은미 감독은 덕분에 할머니와 단시간에 친해지고 마음을 얻을 수 있었다. 수많은 할머니의 날것 그대로의 춤을 담은 이 기록은 〈조상님께 바치는 댄스〉의 가장 중요한 원천이 되었다. 그 과정에서 안은미 감독은 할머니의 몸이 이 땅의 구불구불한 역사를 빼곡하게 새겨 넣은 장소라는 걸 간파했다.

"주름진 몸은 100년 가까운 시간 동안 삶이 체험한 책이었고, 춤은 대하소설 같은 역사책이 한순간에 응축해서 펼쳐지는 생명의 아름다운 리듬이었다. 할머니 한분 한분을 만날 때마다 오늘 한국의 현대사를 기억하는 몸에 대한 생각이 간절해졌고, 그분들의 몸이야

2010년 리서치 작업. 안은미 감독은 2010년부터
네 명의 무용수, 세 대의 카메라와 함께 자전거를
타고 전국을 돌면서 할머니를 만날 때마다 춤을
권하고 그 몸짓을 기록으로 남겼다. ⓒ최영모

말로 한 권의 역사책임을 점점 실감하게 되었다. 늘 곁에서 바라보았고 익숙한 것이라 생각했던 그들의 몸짓은 문자나 구어로 전해진 어떤 역사보다 구체적이었다."(안은미, 〈조상님께 바치는 댄스〉 기획 의도 중에서)

그도 그럴 것이 우리 시대의 노인은 자신의 의도와 무관하게 우리 역사에서 가장 파란만장한 순간순간을 통과해온 주인공이다. 식민지 백성의 설움을 겪었고, 한국전쟁이라는 미증유의 고통을 견뎌냈다. 오랜 기간 독재에 신음했고, 산업 역군으로 경제개발의 신화를 써내려가기도 했다. 4·19혁명, 5·16군사쿠데타, 5·18광주민주화운동, 1987년의 6월항쟁 등 현대사의 주요 고비는 물론이고, 남북의 이념 대결로 인한 갈등 역시 고스란히 품어온 세대다. 그저 열거하기에도 벅찬 순간순간을 평생토록 지나온 이들이 누구보다 남다른 리듬을 몸속에 간직한 것은 당연한 것처럼 느껴지기도 한다. 그 리듬과 몸을 무대 위의 즐거움으로 번역해낸 것이 〈조상님께 바치는 댄스〉다.

춤, 오래된 미래

춤은 역사적으로 시대와 환경에 따라 매우 다른 문법을 가지고 운용되었다. 예를 들면 고전 발레의 날아갈 듯 우아한 움직임은 물리적 법칙이 적용되는 몸의 육체성을 초월하려는 의지의 표현이었다. 전통적으로 춤은 주술 활동의 일부이거나 신을 모시는 종교적 숭배의 표현이기도 하고, 왕실의 권위를 표현하고 사회적 질서를 공고히 하기 위한 것이기도 했으며, 성별 행동 등 문화적 관습을 표현하는 행위이기도 했다.

하지만 우리 사회에서 춤은 한동안 봉인되어 있었다. 춤에서 연상되는 이미지는 대부분 부정적이었다. 춤바람, 제비족, 불륜, 어딘가 타락하고 음란한 기운이 춤에 박혀 있었다. '댄스광'이란 말은 한때 실형을 언도받을 정도로 사회적 지탄을 받는 중죄였다.[*] 물론 최근에는 그런 이미지를 많이 털어내긴 했다. 남녀 간의 신체 접촉이나 성에 대한 인식도 예전과는 비교할 수 없을 만큼 많이 달라졌다. 지금은 노래방이나 클럽, 어지간한 모임에 가서 웬만큼 분위기를 띄울 수 있을 정도로 몸짓이 가능한 사람이 주목받는 때이기도 하다.

할머니는 평생 춤이라고는 제대로 배워본 적이 없는 삶을 살았을 것이다. 그러나 할머니의 소박한 몸짓은 누군가 그것을 '고속버스 춤'이라며 웃음거리로 삼을지라도 가장 진실한 춤에 가깝다. 안은미 감독이 할머니의 투박한 움직임에서 역사의 숨결과 생동하는 기운을 발견한 것은 우연이 아니다. 사실 할머니는 평생을 춤을 추며 살아왔기 때문이다. 즉 예술의 역사는 일상이 곧 춤이라는 것을 증명

* 김채현, 〈춤, 새로 말한다 새로 만든다〉, 《사회평론》, 2008, p.31. "1961년 5월 27일 대한뉴스는 대낮에 '댄스'에 미쳐 놀아난 48명의 남녀가 군사재판에서 준엄한 법의 심판을 받았고, 또 경기도의 군사 법정이 '댄스광'들에게 3~12월의 징역을 언도했다고 알렸다. 그 열흘 전인 5월 16일 군사 쿠데타가 일어난 직후 쿠데타 정부가 사회 치안 확립을 명분으로 불량배와 용공분자 각 수천 명을 검거할 당시 '댄스광'들도 그렇게 붙잡혀갔다."

한다.

존 케이지*는 하버드 대학의 무향실에서 특별한 경험을 한다. 무향실이란 소리와 관련된 실험을 하기 위해 만든 특수한 방으로, 말 그대로 잔향이 일어나지 않아 소리가 없는 공간이다. 그런데 그는 그 방에서 높은 소리와 낮은 소리를 들었다. 엔지니어에게 물어보니 높은 소리는 신경계가 내는 소리, 낮은 소리는 혈액이 움직이는 소리라고 했다. 그는 이로부터 자신이 살아 있는 동안 음악은 멈추지 않을 것이며, 자신이 죽은 뒤에도 음악은 영원할 것이라는 결론을 끌어낸다. 일본의 철학자 사사키 아타루는 이 에피소드를 언급하며 춤 역시 영원할 것이라고 이야기한다. 어떤 소리에 맞춰 움직이는 몸짓을 춤이라고 한다면, 우리는 언제 어디서나 춤을 추고 있으며, 살아 있는 한 춤은 결코 멈추지 않을 것이라는 의미다. 억지스러워 보이지만 실제로 그렇다.

존 케이지가 "모든 소리는 음악이 될 수 있다"라고 이야기했다면, 미국의 무용가 머스 커닝햄은 "일상의 어떤 움직임도 무용으로 사용할 수 있다"라고 했다. 실제 이에 영향을 받은 미국의 한 급진적인 무용 그룹은 '앉거나 걷는 행위는 모두 춤이며, 춤이 아닌 것은 없다'는 취지로 자신들의 활동을 꾸리기도 했다.**

---

* 미국의 작곡가이자 미술가. 장르 간의 벽을 허물고 여러 분야에 걸친 작업을 진행했다. 가장 유명한 작품은 〈4분 33초〉로, 피아노를 앞에 두고 아무 연주도 하지 않아 우연과 침묵을 음악의 영역으로 끌어들인 계기가 됐다. 퍼포먼스 아트에 큰 영향을 끼쳤다.

** 사사키 아타루, 《춤춰라, 우리의 밤을 그리고 이 세계에 오는 아침을 맞이하라》, 여문책, 2016, pp.21~22.

꾸미지 않은, 배우지 않은 동작이 춤이 된다. 할매들의
날것 그대로의 움직임은 100년 가까운 역사를 오롯이
담아낸다. 2011년 두산아트센터 초연. ⓒ최영모

춤은 몸과 가장 밀접한 장르다. 몸은 개인을 대표하는 가장 뚜렷한 실체다. 춤을 추는 몸은 일상에서도 사라지지 않는다. 춤과 몸은 결국 하나라고 해도 좋을 것이다. 춤추는 몸은 일상의 몸에 잠시 숨어 있을 뿐이다. 할머니의 춤이 그것을 증명한다. 신체언어는 인류 역사상 가장 오래된 언어다. 몸으로 하는 말이야말로 가장 원초적인 동시에 가장 사회적인 말이다. 할머니의 몸은 무엇을 말해주는가? 100년 가까운 세월이 축적된 그 몸은 하나의 역사를 증언한다. 그것은 개개의 역사인 동시에 그 몸이 통과해온 우리 근현대의 역사이기도 하다. 나무에 생긴 나이테가 계절을 보여주고 각 시기의 환경과 조건을 증명하듯이, 할머니의 몸은 할머니의 평생이 어떠했는지 보여주는 가장 강력한 수단이다. 할머니의 몸짓에는 20세기를 관통해온 펄펄 끓는 생명력이 담겨 있으며, 안은미컴퍼니가 그 생명력을 특유의 신명과 에너지로 바꿔놓은 것이 바로 〈조상님께 바치는 댄스〉다.

댄스를 넘어선 댄스

〈조상님께 바치는 댄스〉는 모두 3부로 이루어진다. 1부는 전문 무용수의 시간이다. 안은미 감독이 흰머리에 뽀글뽀글 파마한 가발을 쓰고 무대에 등장해 공연의 시작을 알린다. 할머니의 몸짓을 흉내 낸, 그러나 사뿐사뿐 경쾌하게 무대를 주유하는 그녀의 몸짓은 공연의 범상치 않은 에너지의 전조와도 같다. 이어 무대에 오른 안은미컴퍼니의 무용수들은 할머니의 복장을 하고 무대 전체를 가로지르며 에너지를 발산한다. 지칠 줄 모르는 것처럼 보이던 이들의 춤은 돌연 무대 위에 누워 경련하는 동작으로 바뀐다. 한 평론가는 이 장면을 두고 어머니가 할머니가 되기까지 밤잠을 설치는 세월의 '뒤척임'을 '빨리 감기'로 표현했다고 읽어내기도 했다.* 공연에는 이 밖에도 걸레질을 표현한 움직임을 비롯해 할머니의 몸동작을 원형으로 하는 동작이 반복된다.

2부는 공연 리서치를 위해 전국을 다니며 모은 할머니의 댄스 영상이다. 소리를 제거한 상태로 스크린에 새겨지는 할머니의 몸동작은 때로 관객을 자지러지도록 웃게 만들지만, 한 사람 한 사람의 춤이 쌓이고 시간이 지날수록 보는 이의 가슴을 벅차오르게 한다. 시골 길가에서, 미용실에서, 농가 앞마당에서, 막걸리 술상을 앞에 두고, 밭 한가운데서, 횟집 수족관 앞에서, 마을회관 안에서, 약국에서, 기차역에서, 버스 터미널에서, 등산로 한가운데서, 놀이터에서, 공사장 앞에서, 숲에서, 호프집 앞에서, 시장에서, 바닷가에서 혼자 혹은 두셋이 혹은 십여 명이 함께 흔들어대는 춤은 그야말로 막춤에 대한 인류학적 보고서다. 저 마구잡이 움직임은 막춤이되 막춤이 아니다. 할머니의 몸과 몸에 새겨진 주름, 몸짓에서 배어 나오는 한과 신

* 정진삼, 〈노인을 위한 댄스는 있다! – 안은미 무용단 '조상님께 바치는 댄스'〉, 독립예술 웹진 《인디언밥》, 2011. 3. 18.

어머니가 할머니가 되기까지, 밤잠을 설치는
세월의 뒤척임을 경련으로 표현했다.
2011년 두산아트센터 초연. ⓒ최영모

명에서 역사를 읽어내는 것은 그리 어려운 일이 아니다.

3부에는 진짜 할머니들이 등장해 살아 있는 막춤을 선보인다. 할머니들은 단체로 TV를 보기도 하고, 걸레질 댄스를 선보이기도 하며, 상송에 맞춰 낭만적인 장면을 연출하기도 하고, 가요 〈꽃밭에 앉아서〉를 배경으로 뜨개질을 하기도 한다. 〈단발머리〉에 맞춰 발랄한 소녀를 연기하기도 하다가, 〈울릉도 트위스트〉에 맞춘 고속버스 댄스로 대미를 장식한다.

무용인류학자 조앤 케알리이노호모쿠는 춤을 다음과 같이 정의한다.

"춤은 공간을 움직여 나가는 인체에 의해 일정한 형식과 양식으로 행해지는 순간적인 표현 양식이다. 춤은 의도적으로 선별되고 조절된 율동적 움직임을 통해 발생한다. 그 결과 발생하는 현상은 일정한 집단의 연기자와 구경꾼 모두에 의해 춤으로 인식된다."[*]

이 정의에 따르면 〈조상님께 바치는 댄스〉에는 춤의 경계를 넘어서는 지점이 있다. 분명 무대도 존재하고 안무가도 있고 '의도적으로 선별되고 조정된 움직임'이 있지만, 동시에 조율되지 않은 날것의 몸이 무대에서 폭발하기 때문이다. 유럽의 열광은 이 날것 그대로의 움직임, 게다가 역사적 장소로서의 몸이 약동하는 삶의 감각과 정서가 충만한 움직임에 대한 반응이었을 것이다.

안은미 감독은 "할머니에게 춤을 가르쳤느냐"는 질문에 한마디

---

[*] 릴드 조너스, 《춤 – 움직임의 기쁨, 움직임의 힘, 움직임의 예술》, 청년사, 2003, p.35.

시장 입구에서 만난 할매의 막춤. 리서치 영상 스크린샷. ©촬영감독 남지웅

로 "훈련 같은 건 없다"고 잘라 말한다. 그저 무대에 등장하고 퇴장하는 순서를 정할 뿐, 나머지는 다 출연자의 몫이라는 것이다. 말 그대로 즉흥이 난무하는 막춤이다. 그녀는 막춤은 자유로운 춤이며 할머니의 생명, 힘의 근원에서부터 나오는 춤이라고 힘주어 말한다. 또 "떼로 추는 이런 막춤만큼 특별한 게 어디에 있느냐"며 너스레를 떤다. 실제로도 그렇다. 이렇게 떼로 나오는 몸, 살아온 날을 합치면 천 년을 넘는 세월이 응축된 몸이 빚어내는 풍경을 또 어디에서 보겠는가. 그것은 해방의 풍경이자 신 내림의 풍경이기도 했다. 안은미 감독이 한 인터뷰에서 '몸의 박물관'이라고 이야기한 것은 결코 과장이 아니었다.

"돌이켜보니 우리에게 춤이란 해방 공간이었다. 회식하다 노래방에 가선 마지막에 댄스곡 틀면서 신나게 흔들지 않나. 일탈의 유일한 수단이란 소리다. 한국만큼 춤의 형식화·체계화가 공고하지 않은 나라도 별로 없다. 지금 당장 여기서 신 내림을 받아 뿅 가면서 출 뿐이다. 그런 원시성이 최근에 너무 사라졌다. 그걸 들추고 되짚고 기록하고 싶었다. 일종의 '몸의 박물관' 작업이었다."[*]

댄스, 생명의 은인

이정애(69) 씨는 2016년 3~4월 프랑스와 스위스에서 〈조상님께 바치는 댄스〉 공연에 두 달여간 참여한 '베테랑'이다. 잘 알려진 사실이지만 〈조상님께 바치는 댄스〉 출연자는 이전에 춤을 직업으로 삼거나 혹은 춤 좀 춘다고 해서 참여하게 된 게 아니다. 이정애 씨 역시 춤을 좋아하는 사람이었지만 제대로 배워본 적은 한 번도 없다. 그래도 어느 정도는 하는 사람 아니었느냐고? 천만에. 오히려 몸치에 가까웠다. 이정애 씨는 성당에서 사람들이 배우는 살풀이춤을 배우려다가 대여섯 장단 만에 '내가 그렇게 몸치인 줄 몰랐다'며 포기했던 에피소드를 들려주며 깔깔 웃었다. 하지만 잘하는 것과 좋아하는 것은 다른 법. 이렇다 할 춤사위를 익힌 것은 아니지만 평소에 유난히 춤을 좋아했다. "평평한 모래밭 같은 데 가면 팔을 벌리고 춤을 춰요. 누가 보든 말든 상관없이 동작이 나오거든요. 관람객

---

[*] 최민우, 〈안은미 '유럽 홀린 몸뻬바지 할매 막춤, 그게 진짜 예술'〉, 중앙일보, 2016. 5. 10.

이 아무도 없는 갤러리나 나무 데크가 있으면 절로 춤이 춰지곤 했어요"라고 할 정도니 상상이 간다. 그러니까 배워서 추는 춤은 애초에 되지 않았는데 혼자서 법칙 없이 추는 춤은 저절로 춰지던, 막춤의 미학에 딱 적합한 사람인 것이다.

파리 공연이 결정됐을 때 그녀는 꼭 로또를 맞은 기분이었다고 했다. 가슴이 두근거리는데, 기뻐서만은 아니었다. 걱정이 없지 않았다. 춤에 관심이 없었다면 모를까, 공연을 망치면 어떻게 하나 싶은 생각이 마구 들었던 것이다.

"안은미 선생님이 많이 용기를 주셨죠. 할머니라도 일방적으로 의지하기만 하는 것보다 스스로 하는 게 중요하다면서 불어도 가르쳐주시고. 파리는 관광으로만 가서 에펠탑이나 보고 했는데, 이번에는 많이 달랐어요. 슈퍼에서 음식을 사다가 숙소에서 먹기도 하고, 밑반찬도 가져가서 먹고. 뭐든 직접 해야만 하는 상황이었죠. 춤도 역시 마찬가지였고요."

그러니까 무대 위에서도 무대 밖에서도 할머니의 '자립'은 시도되고 있었던 것이다. 이정애 씨도, 뒤에 소개할 안상원, 윤정희 씨도 무용수 그리고 다른 할머니들과 함께 보낸 시간을 잊지 못했다. 만약 그들이 건조하게 공연만 하고 돌아오는 일정만 보냈다면 추억은 다르게 적혔을 것이다. 젊은 댄서와의 교류, 또래와의 소풍과도 같은 체류 일정은 공연은 물론, 참여자의 기억에 윤기를 더해주었다.

이정애 씨는 암 투병 환자였다. 12년 전 위암 수술 이후 몸무게가 무려 13킬로그램이나 줄었다. 게다가 평소에 무릎도 좋지 않는데,

1 할매들의 막춤, 파리를 호령하다. 2015년 파리 가을축제. ⓒ고흥균
2 2014년 벨기에 리에주 극장 '2014년 벨기에 한국예술특집' 폐막
공연. ⓒ박은지

막상 무대에 올라가면 아픈 줄도 모르고 뛰었다. 너무 신나서 뛰다 보면 관객이 올라와서 함께 춤을 추었다. 그러고 난 뒤에야 무릎이 아프단 걸 깨닫게 된다고. 이정애 씨는 "안은미 선생님이 생명의 은 인 같다"고 했다. "공연을 마친 저녁이면 할머니들이 춤추고 노래하 며 놀았어요. 아유, 몇 년 먹을 엔도르핀을 한꺼번에 다 먹고 온 것 같다니까"라며 꿈을 꾸는 것 같았다고 공연 일정을 회상한다.

프랑스에 가기 전에는 밥도 잘 못 먹고 소화도 잘 안 됐는데, 공 연을 하고 나서는 소화가 잘 된단다. '또래집단과 놀고, 젊은 무용 수와 깔깔대며 웃고 논 결과'란다. 무용수는 공연에 참여한 어르신 을 '엄마'라고 부르며 살갑게 대했다. 사실 인생에서 한 달간 함께 먹고 자고 하는 관계가 그렇게 흔하지는 않다. 가족과도 종일 함께 지내는 일은 많지 않다. 공연을 하며 소진되는 체력만큼 함께 있는 이들이 고맙게 느껴지기도, 서로가 자랑스럽게 느껴지기도 했을 것 이다. 이정애 씨는 프랑스에 가기 6개월 전, 이산가족 상봉 무산 뉴 스를 보고 심리적인 충격을 받아 대구에 있는 친오빠를 찾았다. 아 직 자신의 발로 걸을 수 있을 때 만날 사람을 만나둬야 한다는 생각 에서였다. 일종의 이별 여행이었던 셈인데, 다녀와서는 그런 걱정 이 많이 사라졌다. 이 정도면 댄스가 생명의 은인이라고 해도 과언 이 아니다.

공연 이야기를 물었다. 이정애 씨는 '할머니들은 살아온 인생 자 체가 작품이고 예술'이라며 안은미 감독과 코드가 잘 맞는다고 했 다. 안 선생님이 '아무것도 하지 말고 무대에 가만히 서 있으라고'

했단다. 아무것도 하지 말란 이야기는 말 그대로 움직이지 말라는 이야기가 아니다. 인위적으로, 무언가를 부러 하려고 꾸미지 말라는 요청이다. 함께 간 사람들은 모두 자기만의 특징이 있었다. 어떤 사람은 남자같이 추고, 어떤 사람은 춤동작을 제법 섞으며 부드럽게 춘다. 꼭 태권도를 하는 것 같은 동작을 보이는 사람도 있어서 재미있다는 생각도 했다.

이정애 씨는 나이가 들면 못할 게 없다는 생각이 들었다. 실제로 공연을 해보니 뭔가 더 할 수 있을 것 같은 생각이 들었다. 처음 공연 때는 그저 몸이 가는 대로 춤을 췄는데, 주변에서 잘한다고 이야기하니까 욕심이 생겼다. 춤을 추다 보니 어쩐지 같은 동작만을 반복하는 것 같아서 좀 다른 걸 해보려고 이리저리 시도를 했다. 물론 잘 안 됐다. 그런데 안은미 감독이 그걸 알아봤다. 별도의 지도를 해줬을까? 그럴 리 없다. 보고 나서 딱 한마디 하더란다. "정애 할머니 춤을 추는 거예요"라고. 그 이야기를 들은 이정애 씨는 올림픽이나 운동 경기에서 코치와 감독의 역할을 알게 됐다.

"올림픽이나 운동 경기를 보면, 경기는 선수가 하는데 코치나 감독이 왜 있나 싶었거든요. 그런데 그게 아니더라고요. 안 선생님이 어깨를 두드리면서 '그냥 정애 할머니 춤을 추는 거예요'라고 하니까 힘이 나고 기운이 났어요. 그런 게 참 좋았어요. 나의 춤, 내가 몸으로 하고 싶은 말을 할 수 있도록 격려해주고 지지해주는 거 말이죠."

그 후 물 흐르듯 자연스러운 리듬을 되찾은 것은 물론이다. '정애 할머니의 춤을 추는 것!' 자기 자신의 리듬으로 자신만의 춤을 추는 것. 단지 무대를 위한 조언일 뿐인데, 어쩐지 생각이 많아지는 말이다.

이정애 씨는 공연 이후 예술에 대한 태도가 조금 달라졌다. 이전에도 공연을 드물지 않게 보는 편에 속했지만, 이제 예전에는 잘 몰랐던 것을 알게 되면서 더 민감하게 작품을 감상하게 됐다. 한국에 돌아와 경북 영주에서 다른 출연진이 공연하는 〈조상님께 바치는 댄스〉를 보면서도 예전에 다른 공연을 볼 때와는 마음가짐이 달랐다.

"영주 공연에 가서는 내가 뭐 바람잡이도 아닌데, 무대 아래 반응이 무대 위 사람에게 어떤 영향을 주는지 아니까 박수도 치고, '지금 바쁘겠다, 땀 많이 나겠다' 생각하면서 더 격려하고 응원하게 되더라고요. 작품이 나오기까지 스태프, 조명 기사를 포함해 온갖 사람이 고생을 해요. 정말 애 낳는 고통만큼이나 대단하다 싶더라니까요."

실제 공연할 때는 조명도 밝고 신경 쓸 겨를도 없어 관객석은 눈에 들어오지 않았다. 그런데 함께 공연한 사람 중 객석을 훑어보고 반응을 지켜본 이도 있었다는 것이다.

"구경하는 사람의 매너가 생긴 거죠. 전에는 초대권을 주니까 빈자리 채워주느라 간다고 생각하며 공연을 보는 일도 있었는데, 박수라도 더 열심히 치는 게 예의겠구나 싶은 생각. 그렇게 해야 더 좋은 작업이 나오겠다 싶은 생각이라도 하게 된 거죠."

영주에서 무대에 오른 할머니들은 객석에서 '바람 잡는' 이정애 씨의 모습을 알아봤을까? 공연의 안팎을 함께 보고 공감할 수 있는 것은 무대 뒤의 격렬함을 알게 된 이들의 특권이다.

이정애 씨는 앞으로도 가능하면 춤을 더 출 수 있는 활동을 해볼 작정이다. 그녀는 지금 성당에 함께 다니는 사람과 춤 동아리를 만들 구상을 한다. 사는 곳 아래층에 작은 공간이 있어서 성당 엄마들끼리 뭘 좀 해볼까 생각 중이라고 한다. 춤추는 동아리가 만들어지면 집 1층을 제공할 생각도 있다. 전에도 춤을 좋아했지만 해외 무대까지 경험하고 난 지금 비로소 춤의 즐거움을 알게 된 것 같다. 나이가 들어서 춤을 추게 되고 더 신나게 노는 자신에 대해서는 인생 총량의 법칙을 이야기한다.

"요즘엔 너무 다들 점잖기만 해서 재미가 없어요. 생각해보면 인생 총량의 법칙이라는 게 맞나 봅니다. 나는 젊어서는 너무 못 놀았거든요. 그게 안 선생님 만나서 불타오른 거죠. 지금도 춤추는 데 있으면 어디든 가고 싶어요."

할머니라고 부르기가 조심스러운 할머니, 여전히 하고 싶은 것 많고 꿈도 많은 이정애 할머니의 춤을 응원한다.

자기 긍정의 에너지를 발견하다

안상원(72), 윤정희(70) 씨는 부부다. 안상원 씨는 2016년 파리 공연에 유일하게 참여한 남자 단원이었다. 이들은 무엇보다 전문

무용수가 얼마나 고된 직업인지 알게 됐다며 입을 모았다. 딸이 무용을 하기도 해서 더욱 절감했다.

"조명을 받고 공연할 때와 끝나고 무대 뒤에서의 모습이 대조적이었어요. 무엇이든 쉬운 게 없구나 싶었죠. 땀과 노력이 있었기에 무대에서 많은 사람의 호응을 받고 박수를 받는다는 걸 느꼈어요. 그래서 어려운 것도 잊고 공연을 하는구나, 몸으로 알게 됐습니다. 무용이라는 게 겉보기보다 힘들고 어려운 거더군요."

윤정희 씨는 직접 무대에 선 후 딸에게 미안한 생각마저 들었다고 한다.

"직접 해봤더니 참 힘든 일이더라고요. 무용수가 격렬한 춤을 추고 무대 뒤에 와서 땀을 비 오듯 흘리고 헐떡대며 누워 있는 걸 보면서 여러 가지 생각이 들었어요. 돌아와서는 딸한테 그동안 네가 힘든 걸 잘 알지 못해 미안하다고 이야기했어요."

이정애 씨처럼 이 부부도 걱정이 많았다. 왜 아니겠는가. 인생에서 처음 무대에 오르는데, 국내도 아니고 프랑스 무대라니! 더군다나 안상원 씨는 성직자로 정년을 맞은, 춤과는 거리가 멀어도 너무 먼 삶을 살았다. 게다가 부부에게 주어진 특별한 임무가 있었다.

"남편과 둘이 블루스를 췄어요. 강단에서 설교만 하던 분이 무슨 춤을 봤겠어요. 둘이 그런 춤을 췄다는 것 자체가 기적인 거죠. 나오는 대로 어떻게 맞춰서 한번 두번 추다 보니 그래도 익숙해지더라고요."

무대에서 두 사람이 블루스를 추는 장면은 유일한 혼성 커플이라는 점에서 주목받을 만했다. 그런데 그 장면을 자연스럽게 하는 게 처음엔 참 어려웠다. 윤정희 씨는 "블루스를 어색하게 추고 하니까 다른 할매들이 '저게 아닌데, 아닌데' 하며 가르쳐주더라고요. 남편이 평생 목회만 하던 사람인데 뭘 알겠어요"라며 웃었다. 목사 남편은 멋쩍은 듯 '다들 어설픈 건 똑같았다'며 방어해보지만, 아내가 다시 그분들은 (블루스) '스텝'을 밟아본 경험이 있는 사람들이라며 다정하게 붙잡고 하라고 가르쳐주던 일을 언급하자 너털웃음으로 순순히 인정했다. 사실 누구나 무대에 서면 긴장하지 않을 수 없다. 사람들의 박수소리와 쏟아지는 눈부신 조명, 귀를 때리는 음악, 무대 뒤의 분주함은 감각을 얼얼하게 만든다. 그러나 안상원 씨는 안은미 감독이 출연자에게 '자유'를 주었다고 했다.

"처음에는 걱정이 많았죠, 문외한이니까. 그런데 안은미 선생님이 우리한테 자유를 주시더라고요. 공연의 큰 테두리만 잡아주시고 나머지는 그냥 우리한테 맡기는 거예요. 얽매이지 않고 룰에 매이지 않고 맘대로 하는 거죠. 그래도 시작 전까지는 긴장도 많이 되고 했는데, 막상 무대 위에 서니까 두려움이 없어졌어요."

그렇게 시작한 공연이지만 마지막에는 끝나는 게 못내 아쉬웠다. 윤정희 씨는 마지막 무대에 설 때 '더 하고 싶다'는 생각까지 들었다. 무대에 한번 두번 서니까 아쉬웠다. 마지막 공연 때는 '아, 이번에 하는 게 마지막이구나' 하는 생각이 들면서 더 하라면 더 할 수 있을 것 같았다. 아니, 더 하고 싶었다. 윤정희 씨는 공연을 하면서 눈물이 많이 났다고 한다.

"처음에 할머니가 나올 때 둘씩 블루스를 춰요. 나중에는 텔레비전을 보면서 박수 치고 노래 부르고 춤추면서 방 닦고 청소하는 노인의 일상을 춤과 연결하죠. 나중에 신나게 강강술래를 하다가 남편과 블루스를 추는데, 이 내용을 보고 사람들이 울더라고요. 전체적인 내용이 말은 안 통해도 무용 동작으로 통하는 것 같아요. 울고 눈물 닦고 하는 사람이 있다고 들었어요. 나도 춤을 추면서도 눈물이 나더라고요. 다른 사람도 무용수와 블루스를 추면서 눈물이 났다고 말해줬어요."

아마도 그 순간은 평생을 꽁꽁 감춰 눌러두었던 어떤 감정이 분출되는 순간이었을 것이다. 무대 위 할머니들의 감각은 무대를 지켜보는 관객에게 공명을 일으켰다. 안상원 씨는 공연을 통해 우리의 과거와 현재, 미래를 보여줄 수 있어서 뿌듯했다고 말한다.

"소위 막춤을 올렸는데, 의미가 있고 뜻이 있는 막춤이었죠. 공연하면서 스스로도 호감이 가는 것이, 외국에 가서 우리의 현재와 과거와 미래의 현실을 그대로, 영상과 무대로 신구가 합쳐서 대한민국의 발전상을 보여줄 수 있었다는 겁니다. 외국 관객이 의아해하고 놀라워하는 모습을 봤어요. 어떤 사람은 공연을 마치고 다가와서 묻더라고요. '당신 나라 맞느냐, 보기 좋다, 가고 싶다'라고요. 뿌듯했어요."

그는 공연이 끝날 때마다 프랑스 관객이 몰려와 사인을 요청하는 통에 난생처음 사인 세례에 시달려보기도 했다.

이정애 씨와 똑같이 이 부부도 욕심을 좀 내서 이런저런 동작을 넣어보기도 했지만, 여지없이 '퇴짜'를 맞았다. 안상원 씨는 중간에 스토리를 보여줘야겠다 싶어서 동작을 넣기도 해봤다. 그런데 안은미 감독에게 물어보니까 '그렇게 하지 말자'고 했단다. 윤정희 씨도 재밌고 좋다고 생각했는데, 안은미 감독이 다른 사람도 그렇게 하면 작품이 자연스럽지가 않다고 했단다. 이들 부부 역시 자연스럽게 자기만의 리듬을 찾아 나갔다.

윤정희 씨는 눈이 불편하다. 그런데 관객은 물론이고 다른 참여자도 처음에는 알아차리지 못할 만큼 남편의 보살핌이 확실했다.

"아내가 시각장애 2급이에요. 처음에는 공연에 참여하는 다른 사람도 잘 몰랐어요. 제가 무대도 에스코트하고 그랬죠. 일반 관객은 전혀 모르는 상태에서 진행했던 거죠."

공연을 통해 부부는 춤은 장애를 넘어선다는 생각을 갖게 됐다. 이후 〈안심댄스〉*를 관람하며 이 생각은 더욱 굳어졌다.

"예술, 무용 하면 전문가만 생각하게 되잖아요. 안은미 선생의 특징이 경계와 차별이 없는 거예요. 젊은이뿐만 아니라 노인, 장애인까지 말이죠. 그래서 더욱 〈안심댄스〉를 관심 있게 봤어요. 시각장애인이 어떤 방식으로 출연하는지 궁금했죠. 있는 그대로 자신의 모습을 보여주는 게 중요한 거구나 싶어요. 예술이 매우 특별해 보이지만 남녀노소, 장애인이라도 누구나 잘 할 수 있다는 걸 다시 알게

---

* 2016년 9월에 초연한 안은미컴퍼니의 신작. 시각장애인이 세상과 더 소통하고 안심하고 살아가기를 바라는 기대를 담았다. 시각장애인 여섯 명이 직접 출연해 무용수들과 무대를 꾸렸다.

됐어요. 아내가 장애를 가지고 외국에 가서 해내고 온 걸 생각하면 지금도 뿌듯하다고 느끼죠."

경계와 차별을 넘어선 인식이 춤을 통해 이들에게 새롭게 새겨진 듯했다. 현대무용에 대한 인식도 변했다. 막연하게 알았던 현대무용의 현장을 몸으로 겪고 나니 생각이 달라진 것이다. 윤정희 씨는 이렇게 말한다.

"딸이 댄서여서 공연 관람을 몇 차례 했던 적이 있어요. 현대무용에 대해 막연하게 생각했는데, 생각이 확 달라졌어요. 무대에서 보는 것과 뒤에서 보는 게 많이 다르더라고요. 한국무용, 발레와 같은 것에는 룰이 있는데 현대무용은 그야말로 맨발로 그 어려운 동작을 다 하는 거예요. 비틀고 뛰고 구르고……. 우리가 생각했던 것보다 더 격렬하단 걸 알게 됐죠."

윤정희 씨는 공연을 다녀온 후 무엇보다 자신감이 생겼다고 한다. 자기 자신에 대한 자부심, 나이가 들어도 뭐든 할 수 있다는, 자신을 긍정하는 그런 마음이 큰 소득이라고 했다.

"무엇보다 무대에 함께 선 할머니들이 감명 깊었죠. 일흔이 넘은 할머니를 이런 무대에 세워준 것이 고맙기도 하고. 공연을 하고 나서 특별한 변화라기보다는 자신감이 생겼어요. 무용을 했던 딸이 하는 말이 '엄마는 나보다 나아. 엄마는 프랑스 무대에도 서봤잖아'라고 이야기하더라고요. 기분 좋죠. 나이 먹어도 뭔가 할 수 있다는 기분, 또 서라고 해도 설 수 있겠다 싶은 그런 기분이에요."

사실 해외공연이 아니었더라도 이 자긍심은 꿋꿋했을 것이다. 나이와 장애를 뛰어넘은 창조적인 활동이 언제든 가능하다는 것만으로도 노년의 가능성은 빛난다. 안상원 씨의 자부심은 프랑스라는 문화 선진국의 한복판에서 무대를 선보이고 호평을 받는 것 자체가 국가적으로 큰 의미가 있다는 생각에서 비롯된다. 그렇지만 그것이 국가 자체에 대한 자부심이라기보다는 예술에 대한 것이라고 봐야 할 것 같다.

"프랑스 〈르몽드〉에 '서울 할매들 막춤이 프랑스를 흔들었다'고 나왔어요. 제목을 참 잘 뽑았어. 프랑스는 예술에서 앞서가는 나라잖아요? 천 년 넘은 역사적인 무대에서 예술의 예 자도 모르는 할매들을 데리고 가서 공연하면서 프랑스 사람에게 기립박수를 받는 걸 볼 때 국위선양이라는 게 다른 게 아니구나 하는 생각이 드는 거죠. 이상하다 싶을 정도로 열광하더라고요. 새로운 걸 느끼는 것 같아요. 자기들은 규격화되고 노련한 몸짓으로 현대무용을 하는데, 서울 할매들은 옷도 맘대로 입고 나오고 막 흔들어대니까 분위기를 압도하는 거예요."

안상원 씨의 일상에도 활력이 더해졌다.

"긍정적이고 활동적인 생각을 하게 됐어요. 나이를 생각하지 않고 젊은이 같은 마음가짐으로, 세상을 긍정적으로 보는 계기가 됐어요. 늙어서 죽을 날만 기다리는 게 아니라, 할 수 있구나 싶은 생각이 들더라고요."

가장 눈에 띄는 변화로 긍정적인 에너지를 가지고 시작한 SNS 활동을 꼽았다.

"페이스북을 그때부터 했어요. 나이 칠십 넘어 페이스북을 시작하니 많은 분이 부러워하고 격려해주더라고요."

자기 긍정의 에너지가 눈부신 노년을 열어주는 열쇠가 되는 것처럼 보였다.

노인은 춤춘다

아프리카 반투족의 인사말은 '춤추고 있어?'라는 뜻이라고 한다. 특별한 말이 아니다. 아침, 점심, 저녁 인사는 물론, 헤어질 때의 인사도 모두 마찬가지다. 이들의 인사는 결국 삶을 관통하는 움직임이 곧 춤이라는 걸 보여준다. 가나의 아샨티족이라는 아프리카 종족 중에서도 춤의 달인으로 불리는 사람들이 있다. 한 백인이 그들에게 어째서 항상 춤을 추느냐고 물었다. 아샨티족의 지식인은 이렇게 답했다.

"어째서 항상 춤을 추느냐고요? 살아 있기 때문이죠. 돌이 아니니까 춤을 추는 것입니다. 이제껏 돌이 춤추는 것을 본 적이 있으세요?"[*]

〈조상님께 바치는 댄스〉는 할머니의 몸, 그 오래된 미래를 발견했다. 춤은 노년을 발견하는 유용한 통로인 동시에, 노년에게 덧씌

---

[*] 사사키 아타루, 앞의 책, p.23.

워졌던 편견과 선입견을 제거해주는 해방의 기제였다. 인간은 태초부터 지금까지 때와 장소를 가리지 않고 춤을 추었다. 자신의 솔직한 감정을 드러내고 삶을 표현하기 위해 춤을 추었다. 기쁠 때, 슬플 때, 괴로울 때, 즐거울 때, 두려울 때, 행복할 때, 싸울 때, 사랑할 때를 가리지 않고 인간은 몸짓의 역사를 쌓아왔다. 공연을 통해 새롭게 활기를 얻고 자신감을 갖게 된 노인의 이야기는 노년이 정체되어 있는 것이 아니라는 것, 노년이 인생의 유폐기가 아니라는 것, 적절한 계기가 주어진다면 노년이야말로 켜켜이 쌓인 기억을 간직한 장소로 적극적인 의미 부여를 할 수 있다는 것을 보여주었다. 그것은 역사의 율동을 간직한 몸이고, 춤추는 몸이다. 일상은 춤이다. 살아 있는 모든 것은 춤을 춘다. 노인도 마찬가지다.

©최영모

4

이야기의
힘이
살아가는 힘

전주 효자문화의집
북북Book-Book 동아리

이야기는 힘이 세다. 이야기는 나를 나이게 하고, 우리를 우리이게 하는 힘이 있다. 책 읽어주는 봉사단 북북은 먼저 산 사람의 책임을 다하고자 아이들과 만나고, 노-노 케어로서 어르신들을 만난다. 당신은 무슨 이야기로 구성되어 있습니까.

옛날 옛적, 전주 효자동 한절리 마을에 한 부부가 살았어요. 아이가 없어 걱정하던 부부가 우물의 물을 나눠 마시자 효석(孝石)이란 아이가 태어났습니다. 하루는 아버지가 병이 들었는데 '새고기를 먹어야 나을 수 있다'는 말에 효심이 지극한 효석이는 한겨울에 이곳저곳을 헤매다 깜박 잠들었어요. 그런데 꿈속에서 산신령이 나타나 정말로 기러기를 선물로 주었대요. 그것을 먹은 아버지는 병이 씻은 듯이 다 나았답니다.

박해련(71) 할머니가 전주 효자천에 얽힌 이야기를 각색해 지은 그림자극 대본이다. 박해련 할머니가 자신의 숨은 재능을 발견하고 이야기 할머니로서 인생 이모작을 설계하게 된 계기는 2009년 전주 효자문화의집이 주관하는 책 읽어주는 실버 봉사 문화단 '북북(Book-Book) 프로그램'에 참여하면서부터다. 55세 이상의 어르신으로 구성된 실버 문화 봉사단 북북은 전주 효자문화의집을 대표하는 간판 동아리로서, 전주 지역뿐만 아니라 우리나라를 대표하는 문화 자원봉사단이다. 2009년 처음 사업을 시작한 이후 기수별로 단원을 공개 모집해 양성 교육을 통해 봉사자를 확보하여 자발적인 모임 형태로 운영하고 있다. 현재 전주 지역의 어린이집, 유치원, 요양시설, 장애인시설 등에서 책 읽어주는 봉사활동을 활발히 진행하고 있다.

2009년 북북 창단 멤버로 참여한 박해련 할머니는 책 읽어주는 문화 자원 활동을 하며 '이야기는 힘이 세다'는 사실을 자주 실감한다. 유치원과 초등학교에서 손자뻘 되는 아이들을 만날 때마다 자신의 인생을 되돌아보며 먼저 산 사람으로서 책임감을 자주 느끼곤한다. 인생 선배로서 이야기의 힘이야말로 살아가는 동안 마음의 힘이 될 수 있다는 점을 아이들이 느끼기를 바라는 것이다. 사람을 걱정하는 마음의 태도가 천성인 듯한 박해련 할머니 특유의 이러한 지극한 마음은 한국전쟁 와중에 아버지가 행방불명되면서 사실상 전쟁고아로서 암울한 어린 시절을 보내야 했던 기억과 관련이 있다.

그 후 어언 60년이 지났지만, 박해련 할머니는 지금도 잊지 못하는 따뜻한 기억이 있다. 휴전 직후인 1950년대 중반 초등학교(당시 국민학교) 4학년 때인가, 무용 선생님이 학예회 행사를 앞두고 음악을 준비하기 위해 레코드점에 갈 때 자신을 데리고 간 것이다. 공부는 잘했지만 입성도 꾀죄죄하고 평소에도 잔뜩 주눅 들어 지내던 자신에게 내밀어준 무용 선생님의 관심의 손길을 잊을 수 없다. 박해련

할머니는 지금도 "해련아, 이 음악 어때?" 하고 묻는 무용 선생님의
질문에 우물쭈물하며 제대로 답변하지 못한 것이 못내 속상하다. 이
른바 지식분자였던 아버지가 전쟁 때 행방불명된 이후 (어린 나이에
몰라도 되는) '연좌제'라는 말뜻을 알아버린 박해련 할머니는 그때 그
사건을 회상하며, 무엇인가를 표현하며 사는 삶이 소중하고 멋지다
는 점을 깨달았다.

박해련 할머니가 겪은 이런 사건은 교육철학자 존 듀이 식으로 말하자면 '어떤 하나의 경험*'을 겪은 것이라고 할 법하다. 그때의 사소한 사건이 박해련 할머니가 인생을 살아가는 큰 힘이 됐음은 물론이다. 유치원 등지에서 이야기 할머니 활동을 할 때 유독 주눅 들고 엇나가는 듯한 아이들에게 눈길이 자주 가는 것도 그런 이유 때문이다. 박해련 할머니는 그때의 경험을 되새김질하며 2013년부터 지금까지 문체부 산하의 한국국학진흥원이 주관하는 이야기할머니사업(www.storymama.kr)에 참여해 이야기 할머니로서 아이들을 만나고 있다. 2009년 북북 창단 멤버로서 2012년까지 자원 활동한 경험이 큰 밑거름이 됐다. 박해련 할머니는 오늘도 아이들을 만나 일종의 '이야기 인생론'을 펼쳐 보이고 있다.

박해련 할머니를 비롯해 효자문화의집에서 활동하는 북북 어르신들을 보며 독일의 극작가 브레히트가 어느 희곡에 쓴 대사를 떠올리게 되는 것은 너무나 자연스럽다.

"나는 변화시키지 못했습니다. (……)/ 제발 손을 쓰십시오, 이 세상을 떠나면서/ 여러분이 착하게 살았다는 것에 만족하지 말고/ 좋은 세상을 남기고 떠날 수 있도록!**"

바로 그런 실천 행위가 사랑의 위대한 힘을 후세에 전수하려는 이야기 인생론이라고 감히 말할 수 있으리라.

---

* 존 듀이, 박철홍 옮김, 《경험으로서의 예술》, 나남, 2016, 제2장.
** 베르톨트 브레히트, 이재진 옮김, 《도살장의 성 요한나 – 브레히트 희곡 선집》, 한마당, 1998, p.314.

2009년 북북 창단 멤버로 참여한 박해련 할머니는
책 읽어주는 문화 자원 활동을 하며 '이야기는 힘이
세다'는 사실을 자주 실감한다. 유치원과 초등학교에서
손자뻘 되는 아이들을 만날 때마다 자신의 인생을
되돌아보며 먼저 산 사람으로서 책임감을 자주 느끼곤
한다. 인생 선배로서 이야기의 힘이야말로 살아가는
동안 마음의 힘이 될 수 있다는 점을 아이들이 느끼기를
바라는 것이다.

인간의 세포는 이야기로 구성된다

이야기의 힘은 세다. 이야기에는 나를 나답게 하고 우리를 우리답게 하는 힘이 있다. 12세기 프랑스 파리에서 활동한 신학자 위그 드 생-빅토르의《디다스칼리콘(Didascalicon)》이라는 최초의 독서 가이드북의 첫 문장에서 "구해야 할 모든 것 가운데 첫째는 지혜다"*라고 말한다. 그러나 우리 시대는 그런 지혜를 구하기 위한 읽기 기술보다는 지식을 큐레이션 하는 능력이 생존을 위한 창의력으로 주목받고 있으며, 나를 나답게 하고 우리를 우리답게 하는 진짜 지혜를 구하기 위해 책을 읽는 문화는 사라져버렸다. 그럼에도 책을 읽는 이유가 지혜를 구하기 위해서든, 지식을 얻기 위해서든, 아니면 정보를 획득하기 위해서든 간에, 이야기의 힘을 신뢰하지 않는 사람은 자신의 삶을 제대로 신뢰하지 않는다고 감히 말할 수 있다는 점에는 누구나 동의하리라 믿는다.

미국의 인문학자 조너선 갓설은 '인간은 이야기를 좋아하는 스토리텔링 애니멀의 속성을 갖고 있다'고 진단한다. 그는 '인간은 왜 그토록 이야기에 빠져드는가?'라는 물음을 던지면서, "아이들에게는

---

* 이반 일리치, 정영목 옮김,《텍스트의 포도밭》, 현암사, 2016. 이반 일리치(1926~2002)는 12세기 유럽에서 읽기 기술은 '거룩한 읽기'를 의미하는 렉티오 디비나(Lectio divina)라는 뜻을 지녔으나, 1130년경 알파벳 테크놀로지가 등장한 이후 세계 인식에 대한 새로운 봇물이 터지면서 읽기 기술은 더 이상 지혜를 구하는 수사(修士)식 읽기가 아니라 지식을 찾으려는 학자(學者)식 읽기로 거대한 전환을 했다고 진단한다. 12세기 이후 읽기 기술은 '기억에서 기록으로' 획기적으로 전환됐으며, 근대적 의미의 '자아' 또는 '개인'의 발견이 형성되면서 '저자' 개념이 본격적으로 등장했다고 파악한다.

빵과 사랑만큼 이야기가 필요하다. 아이들을 네버랜드에 들어가지 못하게 막는 것은 폭력이다"라고 주장한다. 그의 이러한 주장은 아이뿐 아니라 어른에게도 그대로 적용된다. 우리는 누군가의 이야기를 경험할 때 자신의 머릿속이 바쁘게 돌아가는 경험을 한 적이 있다. 그저 지는 해를 바라보며 겨우 잔존(殘存)하는 듯 하루하루 연명해가는 요양원 어르신들이 북북 봉사단이 읽어주는 어떤 이야기에 반응을 보이고 기꺼워하는 것을 보라. 이 점에서 "인생은 학교이고, 나는 학생이다"라고 선언한 중국의 작가 왕명(王蒙)의 위대한 언명은 인간이라는 족속이 지구상에 존재하는 한 여전히 유효하다고 믿어 의심치 않는다. 어쩌면 그런 마음의 태도를 갖게 되는 것이야말로 노년 예술 수업에서 얻게 되는 배움의 원천이고 기쁨의 본질을 이루는 것이 아닐까? 2009년 효자문화의집이 처음 북북 프로그램을 진행한 이후 여러 어려움이 있었음에도 지금까지 북북을 해체하지 않고 꾸준히 운영하는 것은 그런 이유 때문일 것이다.

정신의학자는 인간의 노화가 지력과 체력에 앞서 우선 감정에서부터 시작된다고 말한다. 감정이 늙는다는 것은 화가 나면 통제가 잘 되지 않고 매사에 의욕이 감퇴하는 등의 현상을 말한다. 이러한 감정의 노화 현상은 기억을 관장하는 해마보다 감정을 관장하는 전두엽에서 먼저 위축이 일어나는 신체 노화에서 비롯한다." 나이가

* 조너선 갓셜, 노승영 옮김, 《스토리텔링 애니멀》, 민음사, 2014, p.26.
** 김찬호, 《생애의 발견》, 인물과사상사, 2009, p.277.

들수록 지난날에 대한 슬픔과 회한 때문에 화병과 우울증이 깊어지는 것은 이러한 감정의 노화 현상 때문이다. 이런 현상이 심해지면 극심한 대인기피증 같은 신경질환에 빠질 수 있다. 존경과 감사의 마음으로 노년을 지탱할 수 있는 사회와 문화를 구축하는 것뿐만 아니라, 노인 스스로 사람과 관계를 맺으며 노년의 문화를 형성할 수 있는 마음의 연금술을 발휘해야 하는 것이다. 노인의 자존감을 높이고 정서적 지원을 할 수 있는 예방적 사회 정책에 대한 고민과 대책이 그 어느 때보다 요구된다.

북북에 참여하는 어르신은 나이 듦에 대한 사회적 통념을 허물고 인생 이모작 시대에 누구도 대신할 수 없는 자기만의 서사(敍事)를 써가며 새로운 '존재의 형식'을 구축하는 동시에, 자신만의 노년 문화를 형성한다는 점에서 주목할 만하다. 바로 이 점에서 북북의 활동에는 특별한 무엇인가가 있다. 북북의 어르신은 스스로의 힘으로 낯선 일에 도전해 배우고 익히는 것은 물론이고, 동네의 작은 무대에서 세대 간 혹은 동 세대와 소통하며 문화예술의 향기를 전함으로써 누구보다 아름다운 존재의 형식을 몸소 보여준다. 감정의 노화에 저항하며 삶의 시정(詩情)을 배양하는 이러한 노년 문화는 저마다 아름다운 인생을 살게 하는 마음의 동력으로 작용한다.

어르신은 누구나 건강한 노년의 문화를 형성하며 품위 있는 여생을 보낼 권리가 있다. 그러나 현실은 가혹하다. 자식의 안녕을 위해 자발적 독거(獨居)의 삶을 선택하며 스스로 고립된 삶을 살아가는 어르신이 적지 않은 현실은 무엇을 말하는가. 사회가 하나의 가족이 되어야 하는 것이 아닐까? 박해련 할머니가 "요양원에서 공연할 때는 이야기 친구라는 마음으로 찾아가는데, '찾아와 줘서 고마워요' 하며 손을 꼭 잡아주는 분이 많았다"라고 북북 시절을 회상하는 것을 보라. 이야기의 힘은 센 것이고, 누군가에게는 사람이 햇볕인 것이다!

2013년부터 북북 활동에 참여한 오효순(67) 할머니는 "요양원에 계신 할머니는 전래동화 같은 옛이야기를 특히 좋아한다"라고 말한다. 그러나 이른바 '치매'라는 말은 얼마나 사람을 폄하하고 모욕하는 언어인가.* 반인권적이고 모욕적이고 차별적인 용어로 노년에 대한 제대로 된 정의와 새로운 이해가 가능할까? 한 사람의 노인을 '문제'로 보려는 시선에서 벗어나야 한다. 그렇지 않고는 '세상에는 아무도 버릴 사람이 없다'는 가치를 실현하는 생명 존중의 사회는 불가능하다. 생명을 하찮게 여기고 노년을 쓸모없는 삶이라고 간주하는 사회에서는 어르신의 미래 또한 밝지 않다.

짠돌이 주부로 30년간 '생쥐맹키로' 지내다 2013년 북북에 참여하며 삶의 기쁨을 만끽하는 김숙희(68) 할머니는 "언젠가《흰 쥐 이야기》를 읽었더니, 어느 요양원 할머니께서 처음으로 말문을 열어 '우리 동네 당산나무에 얽힌 이야기랑 비슷한데?' 하셨어요"라고 말한다. 그렇게 북북은 요양원 어르신들과 얼굴을 익히며 그들만의 사연을 차곡차곡 쌓아가고 있다. 강현정 전 효자문화의집 관장이 "북

---

* 오창익, 〈아버지는 미치지 않았다〉, 경향신문, 2015. 12. 22.

노인요양원 어르신들에게 책을 읽어주는 북북
봉사단. '치매'라는 말은 얼마나 사람을 폄하하고
모욕하는 언어인가. 북북의 활동은 선배 노인
또는 동년배 노인의 말벗이 되어줌으로써
노노케어의 의미를 지니기도 한다.

북 어르신은 우리 동네를 지키는 이야기 파수꾼이시다"라고 한 말이 예삿말이 아닌 것이다. 북북 자원봉사단이 어르신 스스로 자립해 당신의 삶을 행복하게 가꾸어가는 인생 수업을 위한 '삶의 텃밭' 구실을 하고 있다고 볼 수 있는 셈이다. 2013년 남성 참여자인 이필종 어르신은 요양원에서 공연을 마친 후 '어머니 생각'에 목이 메어 생애 처음으로 시를 써서 발표했다.

어머니의 손

우리 어머니의 손은
갈퀴 같다

오남매를 키우고 가르치느라
이 세상 모든 것
긁어모은 손

거칠고 마디 굵은 손가락에
금가락지 하나
못 끼워 드리는
내 하얀 손이 부끄럽다

북북 어르신의 활동 경험담은 계속 이어진다. 오효순 할머니는

"어느 때는 '책 읽지 마! 노래나 해!' 하시길래 '얼능 끝내고 읽어드리겠다'고 하니까 '빨리 읽어야 돼! 늦게늦게 읽으면 안 돼. 천천히 읽으면 안 돼' 하시더라"라며 웃음을 짓는다. 그런 모습을 볼 때면 재미있다가도 가슴 한쪽에 슬픈 감정이 드는 것은 어쩔 수 없다. 그럼에도 북북의 어르신은 자신들을 찾는 곳이 있으면 되도록 시간을 내어 다녀오곤 한다. 북북의 활동이 이른바 노노케어(老老-care)의 의미를 지닐 뿐만 아니라, 누군가의 말벗이 된다는 의미가 퍽 크다는 점을 헤아릴 필요가 있다. 이야기 상대가 없는 노인에게 텔레비전 혹은 라디오만큼 의지가 되는 존재가 없는 것은 그런 이유와 무관해 보이지 않는다.

진혜대(75) 할머니와 짝꿍으로 다니는 김선순(63) 할머니는 유독 무더웠던 2016년 여름 매주 한 번씩 어느 요양원에 봉사활동을 다녔다. 요양원의 어르신들이 두 분이 오기를 목이 빠져라 학수고대하기 때문이었다. 요양원 직원들이 "선생님들께서 워낙 잘하시는가 봐요"라고 해주는 말에 더위가 씻은 듯이 날아간다. 한번은 책을 읽어드린 후 〈눈물 젖은 두만강〉을 다함께 부르는데 한 할머니께서 "그리운 내 님이여 언제나 오려나"라는 대목에서 "옌님아, 옌님아!" 하시며 엉엉 우시더란다. 옛 노래를 부르는 순간 정신이 돌아와 '연님이'라는 딸 이름을 '옌님이'라 부른 것이다.

자신을 초짜라고 소개하는 이연엽(60) 할머니는 북북 활동을 하며 대중 앞에서 이야기할 수 있는 용기가 생겼다고 자신 있어 한다. "이제는 이력서 한 장 갖고 어디든 가서 도전해볼 수 있다"라고 말한다. 가르칠 수 있는 용기를 갖게 되면서 시쳇말로 '근자감' 능력지수가 '플러스 10' 된 셈이랄까.

재미있는 사실은 북북에는 장기와 개성에 따라 '아동꽈(科)'가 있고 '노인꽈'가 있다는 점이다. 다시 말해 어르신이 자원 활동을 할 때 선호하는 대상이 비교적 분명한 것이다. 아동과는 박해련 할머니처럼 조손(祖孫)뻘 간에 진행되는 상호 작용의 경험에서 격대교육(隔代教育) 혹은 격세교육의 가능성을 찾고자 하며, 노인과는 노노케어의 일종으로 동료 효과의 가능성을 발견하고자 한다.

맹자도 '자식을 서로 바꿔서 가르칠 것'을 권장하는 역자교지(易子教之)를 강조했듯이, 격대교육은 부모와 자식 간에는 부모의 욕심이 항상 문제가 되어 교육이 제대로 이루어지지 않는다는 사정과 관련이 있다. 임양주(62) 할머니와 2인 1조가 되어 전주 용소초등학교에 다니는 김숙희(68) 할머니의 말을 들어보자. "친구가 된 아이들이 슬그머니 자기가 본 수수께끼 책을 손에 쥐어주며 다음번엔 그걸로 수수께끼 문제를 내달라는 '은밀한' 부탁을 한다"고 말한다. "왜냐고요? 자기가 맞히려고 그러지!" 북북의 어르신은 권정생의 《훨훨 간다》,《김수안무》 같은 그림책을 특히 아이들이 좋아한다고 말한다.

요양원에 수용된 선배 노인 혹은 동년배 노인과 함께하는 활동은 갈수록 장수의 악몽이 심해지는 사회에서 더 각별한 의미를 지닌다. 미국의 의사 아툴 가완디는 《어떻게 죽을 것인가》(부키, 2015)에서, 요양시설에는 무기력, 외로움, 무료함이라는 3대 역병이 돈다고 힐

난한다. 그러므로 요양원 노인이 자기 이야기를 하고, 자기 이야기를 쓸 수 있게 하는 것이 필요하다고 역설하는 아툴 가완디의 주장을 누가 부정할 수 있을까? 우리 인생에서 가장 최악의 태도는 누구에 대해서든 더 이상 놀랄 일이 없어지는 것이라는 점에 대해 생각해봐야 한다. 지금의 (노년) 문화예술 교육 현장에는 '어쩔 수 없음'이라는 냉소의 벽이 견고하게 서 있는 것이 아닐까? 김숙희 할머니는 요양원에서 《김수안무》라는 책을 읽어드리면 그곳 어르신 누구랄 것 없이 입을 열어 자식에 대해 한마디씩 한다고 말한다.

북북의 어르신은 대부분 두 그룹 모두를 대상으로 자원 활동을 하지만, 각 어르신이 선호하는 층이 따로 있다는 점은 특기할 만하다. 노년 예술 수업에서 참여 어르신의 개성을 십분 살릴 수 있는 수요자 맞춤형 교육이 진행되어야 한다는 점을 말해주는 대목이 아닐 수 없다. 다시 말해 어르신을 하나의 덩어리로 보려는 관점에서 벗어나야 하는 것이다. 어르신 또한 저마다 개성이 있고 각자 고유한 삶의 무늬가 있다는 점을 충분히 헤아려야 한다. 작고한 우루과이의 작가 에두아르도 갈레아노는 "인간의 세포는 분자가 아니라 이야기로 구성된다"라는 말을 생전에 자주 한 것으로 유명하다. 박해련 할머니는 "철학책을 읽는 것도 좋은 공부지만, 어르신의 살아가는 이야기를 듣는 것은 더 좋은 경험이 된다"라고 말한다. 북북 어르신의 세포가 이야기로 구성되어 있다는 심증이 확증이 되는 순간이다. 북북의 어르신은 자원 활동을 통해 자기만의 이야기를 오늘도 만들어가는 중이다.

공부하는 북북의 어르신은 아름답다

북북의 교육 과정은 1년의 강사 양성 과정을 마친 후 현장 실습을 통해 '실전'에 투입되는 방식을 취한다. 현장 실습을 할 때는 선배 기수 회원이 실습 모니터링을 하며 '지적질'을 아끼지 않는다고 유경미 사업 담당자는 말한다. 효자문화의집에서 봉사단 운영을 위한 회원 모집과 역량 강화 교육이 필요하다고 판단하면, 한국문화의집협회 공모 지원 사업을 통해 양성 과정을 마련해 참가자를 모집하는 식이다. 물론 이것은 연속적으로 지원 사업을 할 수 없는 구조적 한계와 무관하지 않다. 2009년 출범 이후 지금까지 봉사단의 관심사와 사회적 수요 예측에 따라 조금씩 교육 과정 설계에서 변화를 보인 것은 그 때문이다.

2009년 첫 교육 때는 책을 통한 소통과 나눔으로 삶의 질 향상에 초점을 두어 강사 양성 교육을 진행했다. 그러다 2011년에는 마을 이야기를 수집해《효자마을 이야기》라는 그림책을 창작하고 제작하는 교육을 진행했으며, 2012년에는 직접 제작한 효자동 이야기 그림책을 그림자극으로 재구성해 공연을 했다. 자원 활동의 피로감을 극복하고, 새로운 질적 변화를 추구하자는 것이 목적이었다. 실제 이런 교육 과정의 변화는 북북의 회원에게 새로운 활력소가 됐다. 2012년 회원들이 그림자극을 공부하고 연습할 때는 그 열기가 대단했다고 한다. 남녀 회원 모두 스튜디오에서 녹음을 하고 인형을 직접 제작하는 데 그렇게 열의를 보일 수가 없었다는 것이다. 당시 사업 담당자였던 김성혁 기획자는 "프로그램에 참여하면서 신참 기획자였던 나 또한 성장했다. 효자동 이야기를 현대화하는 과정에서 어르신들이 보인 열정은 너무나 감동적이었다"라고 술회한다.

2009년 창립 때부터 지금까지 북북의 어르신 교육을 전담해 진행하는 동화 구연가 권옥 선생님은 헌신적으로 그림책과 책놀이의 세계로 어르신을 안내하는 나침반 같은 역할을 한다. 2016년에 신규 강사 양성 과정에 참여한 이란(60), 홍경의(62) 할머니는 "권옥 선생님이 지도하는 수업에 참여하다 보면 어느 순간 아이가 된 나 자신을 발견하게 된다"라며 몹시 즐거워한다. 마음의 불꽃놀이를 경험하게 되는 것이다. 가는 세월이 아쉬워서 그랬을 수도 있겠지만, 어르신에게 '아이 되기'의 감수성을 느끼도록 하는 권옥 선생님만의 독특한 교육철학과 노하우에서 비롯하는 것은 더 말할 나위가 없다. 권옥 선생님은 "그림책은 교훈이나 지식을 얻기 위한 책이 아니라, 감동과 즐거움의 세계, 즉 부모와 함께 나누는 놀이다"라며, "아이 혹은 어르신이 그림책 읽어주는 것을 좋아하는 이유는 목소리를 듣고 체온을 느끼며 들으면 감동이 두 배가 되기 때문이다"라고 강조한다. 수업에서는 연령에 따른 그림책 고르기를 비롯해 재미나게 읽어주는 방법 그리고 주의 집중을 위한 몸놀이에 이르기까지, 하나하나 꼼꼼하고 세심하게 어르신을 배려하며 지도를 한다. 권옥 선생님이 제안하는 그림책 재미나게 읽어주는 방법을 소개한다.

북북의 교육 과정은 1년의 강사 양성 과정을 마친 후 현장 실습을
통해 '실전'에 투입되는 방식을 취한다. 현장 실습을 할 때는 선배
기수 회원이 실습 모니터링을 하며 '지적질'을 아끼지 않는다.

① 읽어주는 사람이 먼저 그림책에 푹 빠져서 즐긴다.

② 자세한 묘사보다는 스토리 중심으로 이야기를 전개한다.

③ 질문을 하여 상상력을 방해하지 않는다.

④ 직접화법을 쓴다.

- '~하고 말했어요' 등과 접속어도 대폭 없앤다.

- 설명보다는 등장인물 스스로가 직접 이야기할 수 있도록 해야 한다.

⑤ 등장인물의 목소리 표현을 다양하게 하는 것보다는 각 등장인물의 성격을 파악하고 각 상황에 맞는 감정을 표현한다.

⑥ 마지막 부분에 훈화를 생략한다.

⑦ 효과적인 연습 방법

- 글은 읽지 않고 그림으로 먼저 상상해본다.

- 머릿속에 그림을 그려 넣는다.

- 처음부터 끝까지 세 번 이상 청자보다 먼저 읽는다.

⑧ 그림책은 유아만 읽는다는 선입견을 버리고 모든 연령대에서 즐길 수 있다는 인식을 새롭게 한다.

이 중에서 특히 ⑥번이 인상적이다. 이른바 교장선생님처럼 훈화를 하지 않는다는 것은 누구든 간에 '계몽질'의 대상으로 보지 말라는 것이다. 생애 최대의 풍경이 되어야 할 유년 시절에 우리 아이는 얼마나 자주 계몽질의 세례를 받는 것일까. 아이에게는 혼자 생각하고 혼자 판단하는 시간이 필요하다. 권옥 선생님을 비롯한 북북에 참여하는 강사진은 바로 이 점을 특히 강조하며 어르신의 문화 자원 활동을 격려한다. 그동안 특강 강사로는 김병용 소설가, 서정오 동화작가 같은 분이 참여했다.

어르신 교육에서 우리가 놓쳐서는 안 되는 것 중의 하나는 철학자 자크 랑시에르가 언급한 '무지한 스승'이 되라는 점이다.[*] 랑시에르는 "우리는 우리가 모르는 것을 가르칠 수 있다"라고 말한다. 이것이 《무지한 스승》의 핵심 문장인데, 그는 19세기의 교육자 조제프 자코토의 교육 경험을 꼽는다. "1818년에 루뱅 대학 불문학 담당 외국인 강사가 된 조제프 자코토는 어떤 지적 모험을 했다"라는 문장으로 시작해서, "창시자는 그것을 이미 예언했었다. 보편적 가르침을 뿌리 내리지 못할 것이라고. 그는 사실 덧붙였다. 보편적 가르침은 사라지지 않을 것이라고"라는 문장으로 끝나는 것도 그런 이유 때문이다. 랑시에르는 조제프 자코토의 교육 경험을 철학적으로 복기(復碁)하며 지적 해방을 위한 '보편적 가르침'이 중요하다고 강조한다. 그것은 이른바 '설명'을 하지 않는 것이다. 랑시에르는 가르치는 사람이나 배우는 사람의 지적 능력이 똑같고, 자신의 지능을 자유의지에 따라 스스로 사용한다고 역설한다. 그가 "설명의 논리는 무한 퇴행의 원리를 내포한다"라고 힐난하며, 설명은 교육학이 만든 신화라고 비판하는 이유가 여기에 있다.

다시 말해 설명의 원리는 '바보 만들기'의 원리와 같다는 것이다. 랑시에르가 자코토의 경험을 통해 모든 지능의 발현이 내포하는 본

---

[*] 자크 랑시에르, 양창렬 옮김, 《무지한 스승 – 지적 해방에 대한 다섯 가지 교훈》, 궁리, 2008.

성적 평등을 의식하는 것을 지적 해방이라고 명명한 데서도 알 수 있다. 그 후에도 자코토의 지적 실험은 계속된다. 그는 전혀 할 줄 몰랐던 회화와 피아노 두 과목을 가르친다. 학생은 비좁은 강의실에 구름처럼 몰려들었다. "저는 여러분에게 가르칠 것이 하나도 없는 것을 가르쳐야 합니다"라는 자코토의 말을 들으려고.

랑시에르의 이야기는 가르치는 사람 자신이 먼저 해방되라는 것, 그런 후에 다른 사람을 도우라는 것이다. 진정한 가르침은 지식의 전달이 아니라 학생이 배우고자 하는 열망과 의지를 불러일으키는 것이라는 얘기다. 자코토의 이러한 확고한 교육철학은 인간에 대한 고유한 관점에서도 확인된다. 그는 '인간은 말하기 때문에 생각하는 것이 아니며', 오히려 '인간은 존재하기 때문에 생각한다'고 말한다. 따라서 《무지한 스승》은 교육의 목적이 가르침이라는 우리의 관습적인 생각에 균열을 내기에 충분하다. 어쩌면 그런 습관적이고 관행적인 가르침이야말로 바보 만들기라는 교육 체제에 일조하는 것이 아닐까? 이제 우리가 해야 할 질문은 '무엇이 진짜 가르침인가'이고, '우리의 가르침이 학생의 배움을 지적 해방으로 이끌고 있는가' 여야 한다. 한 인간만이 한 인간을 해방할 수 있다는 교육철학이 필요한 이유가 여기에 있다. 지금의 노년 문화예술 교육의 현실을 볼 때 교육의 목적이 가르침에서 배움으로의 전환이 시급히 필요한 것도 그런 이유 때문이리라. 겉으로는 어르신을 위하는 척하지만 실제로는 그렇지 않은, 이른바 '늙은 아기' 취급하는 교육 현장을 볼 때마다 마음이 어두워진다. 인간은 숫자가 아니라고 역설하는 켄 로치

감독의 영화 〈나, 다니엘 블레이크〉가 묵직한 감동을 주는 이유 또한 거기에 있지 않을까? 권옥 선생님을 비롯한 북북의 교육에 특별한 무언가가 있다면 바로 이 지점에 그것이 있을 것이다.

또 하나 간과해서는 안 되는 것은, 북북의 어르신이 교육 종료 이후 상호 배움의 과정을 철저히 따른다는 점이다. 이것은 참여자의 말에서도 그대로 확인된다. 참여자는 교육 이전과 이후의 '나'는 변했다고 한목소리로 말한다. "도서관에 자주 다니고, 부족한 부분을 채우기 위해 다른 강좌에도 열과 성을 다한다"(임양주·62), "대인기피증이 사라졌다"(김숙희·68), "언제 이토록 해맑은 아이들을 또 만나겠나?"(진혜대·75), "손자 세대와 대화하는 법을 배우며, 이제는 '할머니'라는 나의 위치를 찾았다"(오효순·66), "대중 앞에서 내 이야기를 하는 법을 알게 됐다"(이연엽·68) 등등. 참여자의 이러한 '간증'에서 노년 문화예술 교육이란 결국 나와 사회를 연결하는 힘으로 작용한다는 점을 알 수 있다.

그뿐 아니라 참여자 간에 서로 자극을 주고받는 상호 배움을 통해 동료 효과도 기대할 수 있게 됐다. 미국의 교육 전문가 더글러스 토머스와 지식 경영 이론가 존 실리 브라운이 집필한 《공부하는 사람들》(라이팅하우스, 2013)은 '어떻게 배울 것인가'라는 관점에서 놀이하듯 공부하는 새로운 공부 문화를 탐사한 책이다. 이 책은 특히 대규모 다중 사용자 온라인 게임(MMOG)에서 이루어지는 상호 작용의 예를 들어 '명시적 지식'의 지배 체제에서 묵살돼온 '암묵적 지식(암묵지)'의 의미를 복원했다는 점에서 적잖은 의의가 있다. 저자들의 핵심 주장은 "학생들은 자신의 열정을 따르고 주어진 환경의 제약 안에서 움직일 때 가장 잘 배운다"라는 문장으로 요약된다. 이러한 논지에 따라 저자들은 새로운 공부 문화의 핵심 원리는 놀이와 상상력을 연결하는 것이라고 말한다.

문화예술 교육 현장에서 활동하는 예술 교육자 혹은 예술 강사는 한목소리로 교수법에 관한 방법론을 찾고자 한다. 그러나 교수법이란 교육의 목적이 결국 교육자의 가르침에 있다는 점을 전제로 하는 것이다. 그러나 공부 문화의 환경은 급변하고 있다. 수강생의 배움에 응답하려는 교육이 요청되는 것이다. 지금 여기의 (노년) 문화예술 교육에는 명시적 지식이 아니라 우리 안의 암묵적 지식을 강화하며 수강생 한 사람 한 사람을 지적으로 해방할 수 있는 '무지한 스승'이 더 많이 필요한 것일지도 모르겠다. 조제프 자코토의 아들이 쓴 기록에 따르면, 페르-라셰즈 묘지에 있는 자코토의 무덤에는 그의 제자들이 새긴 다음과 같은 글이 있다.

"나는 신이 혼자서 스승 없이 스스로를 지도할 수 있는 인간 영혼을 창조했다고 믿는다."

지적 해방을 위한 보편적 가르침은 중단되어서는 안 된다.

북북의 어르신이 교육 이후에도 일상을 함께하고, 경험을 나누며, 토론과 숙의 과정을 통해 우정을 회복하면서 소통의 공동체를 형성하는 것이야말로 우리 안의 냉소와 우울의 벽을 넘어서는 태도가 아닐까 싶다. 이것이 바로 진정한 자기 배려라고 감히 확언할 수 있을 것이다. 이런 과정에서 고민하고 또 고민한 공연이 시쳇말로 '대

박' 행진을 이어가는 것은 당연하다. 2011년에는 어린이집, 유치원, 요양시설, 장애인시설은 물론 이웃한 고창, 임실, 남원, 정읍 등지에서 러브콜이 쇄도했다. 지금은 대체로 2인 1조를 이루지만, 당시에는 3~4인씩 두 개 모둠의 공연팀을 구성해 운용했다. 당시 목요팀에서 활동한 박해련 할머니는 "처음 그림자극을 만들 때는 어려웠는데, 하면 할수록 재미있었다. 우리 같은 실버는 먼저 산 사람으로서의 책임을 갖고 문화 봉사에 참여한다. 항상 봉사정신을 잊지 말자고 우리끼리 다짐하곤 했다"라고 말한다. 책임이라는 말에는 '부름에 응답한다'는 뜻이 함축되어 있다. 마음이 아픈 아이가 "동화 할매 언제 와요?"라며 한껏 즐거워하는 모습에서 어르신들은 큰 보람을 느끼곤 한다. 우리 시대의 '아픈' 사람을 위해서 이야기가 필요하고 예술이 필요한 것은 바로 이 때문일 것이다.

'지탱 가능한' 북북의 활동을 위하여

북북 봉사단은 2014년부터 초심으로 돌아가 책 본연의 장점을 활용해 세대별 소통을 꾀하는 책놀이 교육 중심으로 운영되고 있다. 운영 방식의 이러한 전환은 앞서 언급한 것처럼 지원 사업 구조의 한계와 관련이 있다. 무료 공연의 문화 나눔을 실천하는 북북 자원봉사단의 특성상 '지탱 가능한' 동아리 활동을 위해 고민이 없을 수 없는 것이다. 문체부와 지자체의 보조금을 비롯해 자체 회비

"처음 그림자극을 만들 때는 어려웠는데, 하면 할수록
재미있었다. 우리 같은 실버는 먼저 산 사람으로서의 책임을
갖고 문화 봉사에 참여한다. 항상 봉사정신을 잊지 말자고
우리끼리 다짐하곤 했다"

마음이 아픈 아이가 "동화 할매 언제 와요?"라며 한껏
즐거워하는 모습에서 어르신들은 큰 보람을 느끼곤 한다.
우리 시대의 '아픈' 사람을 위해서 이야기가 필요하고
예술이 필요한 것은 바로 이 때문일 것이다.

등의 후원회 조직 같은 대책이 없다면 회원들의 피로감이 가중될 수 있기 때문이다. 모임이 진화함에 따라 조금씩 사업의 방향을 재설정하고 여유 있는 프로그램 운영을 모색하는 것도 하나의 방법이다. 신입 회원의 참여와 집중도를 높이고, 기존 회원도 저마다 재미와 행복을 누릴 수 있는 새로운 아이템을 발굴하면서 느슨한 프로그램 운영을 고려해야 한다. 어르신에게 동네 '오지라퍼'가 되고 '홍반장'이 되라고 요구하는 것은 무리한 욕심이다.

참여 어르신은 한목소리로 지속 가능한 문화 자원 활동을 위해 정책적 배려가 필요하다고 말한다. 김선순 할머니는 "뭘 바라고 하는 봉사는 아니지만, 교통비·식비에 대한 실비 지원이 안 되는 것은 고민된다"라고 말한다. 아직은 수혜자 부담의 원칙이 통하지 않는 우리 사회에서 지탱 가능한 자원 활동을 위해 사회적 인식의 변화가 필요한 것은 당연하다. 효자문화의집 북북 자원봉사단에 대한 어느 정책 보고서에서도 "현재는 자발적 문화 자원봉사단으로서 활동하고 있으나, 지속적으로 늘어나는 공연 요청으로 실비가 증가하고 있어 이에 대한 대책이 필요"[*]하다고 진단한다.

---

[*] 전병태,《생활문화 활성화를 위한 문화자원봉사자 활동 지원 방안》, 한국문화관광연구원, 2014. 12. 전병태는 '봉사활동의 실비 보상에 대해서는 깊은 고민이 필요함'이라는 항목 아래 "북북 참여자에게는 실비 보상이 없는 순수한 봉사활동으로 진행하고 있으나, 만약 동화 구연, 그림자 인형 만들기, 지역 이야기 수집 및 책 만들기와 같은 전문 교육이나 현장 체험과 같은 역량 강화 프로그램이 없었다면 참여 폭은 크게 줄어들 수 있었음. 교육 프로그램이 실비 보상이 없는 문제를 상쇄한 것임"이라고 진단한다. 문화 자원 활동 활성화를 위해서는 '실비 보상' 문제를 풀지 않으면 안 된다. 고령 친화 대한민국을 위해 관련 부처인 문체부와 지자체의 획기적인 태도 변화가 필요해 보인다.

북북 어르신의 활동을 보며 '우리는 서로를 위해 태어났다'는 점을 실감한다. 이 말은 나는 너에게, 너는 나에게 선물이 될 수 있다는 뜻이 함축되어 있다. 로마의 철학자 키케로가 함께 산다는 것의 의미를 '콘비비움(convivium)'이라고 한 말과 통하는 것이다. 키케로는 콘비비움의 의미를 친구와의 만남과 대화를 의미하는 뜻에서 사용했다. 친구와의 만남과 대화는 누군가에게 눈총이 아니라 '눈길'을 주고, 어려운 처지에 놓인 친구를 찾아 '발길'을 재촉해 옆에 서 있고자 하고, 먼저 '손길'을 내미는 행위로 나타나는 것이 아닐까?

그러나 우리가 사는 세상은 갈수록 웃음의 양극화가 심해지고 있다. 우리 사회의 양극화가 더욱 심해지면서 웃음의 양극화 또한 심해지는 것이다. 지난 한 해의 최고 유행어가 '헬조선'인 것에서도 여실히 확인할 수 있다. 그래서 나는 행복해서 웃는 게 아니라 웃어야 행복해진다고 말하는 웃음치료사 혹은 심리학자의 말을 크게 신뢰하지 않는다. 시대의 우울을 성찰하며 웃음의 양극화를 넘어설 수 있는 새로운 대안적 행동이 요구된다. 우루과이의 시인 마리오 베네데티가 "참호처럼 기쁨을 방어하라"라고 한 시적 선언을 실제 일상에서 구현할 수 있는 작은 문화 행동이 필요하다. 전주 효자문화의 집에서 활동하는 북북 어르신의 문화 자원봉사 활동은 그런 하나의 좋은 예가 된다.

문화 자원봉사는 갈수록 기쁨의 종말 현상이 심해지고, 이른바 포식자 사회로 변질돼가는 우리 사회에서 사람들의 마음과 마음을 연결하며 웃음의 양극화를 작게나마 해소할 수 있는 문화 행동이다.

자원봉사 활동 가운데 활동 내용이 문화예술의 형식을 띠고 활동 공간이 문화시설인 경우를 문화 자원봉사 활동이라고 한다. 우리는 불안한 사회에 살고 있다. 그러나 불안한 현실을 이기는 것은 마음 수양도 아니고, 정신과 치료도 아니다. 그저 사람들과 더불어 이 사회를 바꾸려 함으로써 문제를 해결해야 한다. 우리가 느끼는 불안과 공포는 뉴런의 기능 장애, 세로토닌 수치의 변화, 유전적 배열 같은 문제와는 별로 상관이 없기 때문이다.

북북 같은 문화 자원봉사는 시민의 평균적 문화력을 향상시키는 동시에, 사람과 사람의 마음을 연결하는 힘을 갖고 있다. 이 연결의 힘은 다른 데 있지 않다. 그 힘이란 '있어줌'의 윤리라고 할 수 있다. 박해련 할머니에게서 "먼저 산 사람으로서의 책임을 다하고자 한다"라는 말을 들었을 때 묵직한 감동을 받았다. 그 말을 처음 듣는 순간, 비정하기 짝이 없는 것으로 보이는 이 세상이 그런대로 아직은 살 만한 곳이라는 믿음이 들었던 것도 그런 이유 때문이다. 박해련 할머니가 하신 '먼저 산 사람으로서의 책임'이란 '있어줌'의 윤리를 구현하는 최고의 표현이 아닐까?

북북 같은 문화 자원봉사는 모든 시민의 평균적 '문화력(文化力)' 향상에 크게 기여한다. '나만 아니면 돼!'라는 각자도생의 법칙이 작동하는 사회에서는 개개인이 윤리적인 것만으론 충분하지 않을 수 있다. 소통을 뜻하는 커뮤니케이션이라는 말이 커뮤니티를 전제로 한다는 점을 생각해볼 필요가 있다. 우리가 사는 커뮤니티를 떠나서는 새로운 공통감각이 형성될 수 없다는 점에서 그렇다. 북북 같은 문화 자원봉사 활동은 문화(예술)의 힘을 바탕으로 자기 자신과 소통하고, 타인과 소통하며, 사회를 포함한 더 큰 공동체와 소통하면서 '마음의 사회화'를 배우고 익히는 과정이 될 수 있다. 이 과정에서 사회적인 것을 재구축하고, 우리 사회의 공진화(co-evolution) 또한 가능해질 수 있다고 나는 믿는다.

물론 우리가 잃어버려서는 안 되는 감각은, 문화 자원봉사 활동이 선(善)이 될 수도 있지만 위선(僞善)이 될 수도 있고 심지어 독선(獨善)이 될 수도 있다는 점을 경계하는 태도다. 이 점에 관한 한, 노르웨이의 소설가 악셀 산데무세의 소설《도망자는 지나온 발자취를 다시 밟는다》(1936)에 등장하는 얀테 마을 사람들이 스스로 정하고 지키는 원칙을 참조할 필요가 있다. 즉 그것은 '평등주의'다. 북유럽 사람의 말로는 '라곰(lagom)'과 '얀테라겐(jantelagen)'이다. 라곰은 더 하지도 덜하지도 않은 적당함을 의미하며, 얀테라겐은 평등주의를 의미한다. 다시 말해 '행세하는 태도'를 버리라는 말이다.

① 당신이 특별하다고 생각하지 마라.

② 당신이 남과 같은 위치에 있다고 생각하지 마라.

③ 당신이 남보다 똑똑하다고 생각하지 마라.

④ 당신이 남보다 더 나은 위치에 있다고 생각하지 마라.

⑤ 당신이 남보다 더 많이 안다고 생각하지 마라.

⑥ 당신이 남보다 중요하다고 생각하지 마라.

⑦ 당신이 모든 것에 능하다고 생각하지 마라.

⑧ 남을 비웃지 마라.

⑨ 아무도 당신을 신경 쓰지 않는다.

⑩ 다른 사람을 가르치려 하지 마라.

⑪ 당신에 대해서 우리가 모른다고 생각하지 마라.

오, 이런! 그렇다고 엄숙주의에 빠질 필요는 전혀 없다. 나는 특히 유머 감각을 강조하고 싶다. 그리고 사람이 바로 '햇볕정책'일 수 있다는 점을 생각해봐야 한다. 문화 자원봉사 활동에 참여한 이들은 하나같이 인생길이 단수가 아니라 복수일 수 있다는 점을 스스로 증명했다. 그들은 악마의 맷돌(윌리엄 블레이크)이 작동하는 신자유주의 시대에도 이 세상에 유토피아의 꽃씨를 뿌리는 호모볼룬타스라고 불러야 할 것이다. T. S. 엘리엇의 시 〈황무지〉에서 "차라리 겨울은 우리를 따뜻하게 했었다"라는 표현을 내가 유독 좋아하는 것은 그런 이유 때문이다.

스타트 신드롬을 극복하며, 손을 뻗으면 닿을 수 있는 거리에 있는 사람에게 '곁'을 내주고, 할 수 있는 한 '뭐라도' 함께하려는 마음이 필요하다. 문화 자원봉사 활동은 일종의 '나의 문화 정책' 차원에서 접근해야 하지 않을까? 현재의 삶은 물론이고, 미래의 삶을 어떻게 살아야 할까 하는 차원에서 접근해야 하는 것이다. 이 타락한 세상에서 타인과 함께 어우러지며 사람을 만나는 '타락(他樂)'의 즐거움을 선물하는 북북 어르신의 활동이 앞으로도 꾸준히 지속되기를 희망한다. 그래서 아이들과 어르신들의 마음에 지금과는 다른 삶을 꿈꿀 수 있는 유토피아의 씨앗을 심어주는 행위가 됐으면 한다. 그런 북북의 어르신은 늙지 않는다. 진혜대 할머니가 한 말로 이 글을 맺을까 한다.

"태어날 때 두 손을 꼭 쥐고 엄마 배 속에서 나와 지금까지 그 손을 펴지 못하고 있는 것 같아. 어느 순간 그런 내 모습을 보니 쭈그랑탱이가 되어버렸어. 이젠 쥐고 있는 손을 펴서 다른 사람에게 내밀고 싶어요. 북북 봉사단 활동이 그 시작이라고 생각해."

북북 어르신의 활동은 멈추지 않는다. 아픈 다리, 서로 기대며.

5

노년의
자부심으로
배우고,
도전한다

수원 뭐라도학교

노년에 대한 따분한 선입견일랑 비우자. 여기 스스로 조직을 만들고, 스스로 일을 기획하고, 스스로 실행하는 노년이 있다. '뭐라도 배우고, 뭐라도 나누고, 뭐라도 즐기고, 뭐라도 행하자'며 뭉친 역동적 시니어들의 베이스캠프, 뭐라도학교가 여기 있다.

학생 때로 돌아간 것 같은 느낌, 격 없이 계산 없이 차별 없이

여기 아님 이 나이에 어딜 가서 이렇게 좋은 친구들을 만날까

그동안 망설이고 참아왔던 모든 것들 여행 커피 문화 기행 컴퓨터도

지금 당장 쓸모가 있든 없든 친구들의 손을 잡고 도전해요

우~ 뭐라도 배우고 우~ 뭐라도 나누며

우~ 뭐라도 해보는 뭐라도학교로 오세요

오랜 시간 다닌 회살 퇴직하고 나름대로 산에 가고 운동했지

하지만 혼자라는 외로움에 내 마음은 허전해져 갔네

그러다 뭐라도학교에 나오면 진정한 인생 후반전이 펼쳐졌네

서로를 이해해주는 친구들을 다시 만나니 젊음이 돌아왔네

우~ 뭐라도 배우고 우~ 뭐라도 나누며

우~ 뭐라도 해보는 뭐라도학교로 오세요

– 뭐라도학교 교가

뭐라도학교를 뭐라고 설명하면 좋을까? 뭐라도학교를 대표하는 말은 '뭐라도 배우고, 뭐라도 나누고, 뭐라도 즐기고, 뭐라도 행하자*'다. 교가를 보면 학교가 학생에게 주는 즐거움의 고갱이가 잘 드러난다. 첫째는 '서로를 이해해주는 좋은 친구'의 존재다. 퇴직 후에 드는 허전함이나 노년의 외로움을 달래줄 친구가 있다는 것은 무엇과도 바꾸기 힘든 큰 위안이다. 둘째는 그동안 직장 생활이나 분주한 일상에 밀려 망설이거나 참아왔던 '여행, 커피, 문화, 기행, 컴퓨터' 등을 배우고 도전해볼 수 있다는 것이다. 인생 후반전, 다시 돌아온 젊음으로 세상 앞에 선 뭐라도학교의 이야기를 시작해보자.

뭐라도 배우고

뭐라도학교는 수원시에서 운영하는 평생학습관의 프로그램에서부터 시작했다. '인생학교'라는 이름의 11회차 교육 프로그램은 전문가에게 건강, 재무, 노후 설계 등을 배우는 과정이었다. 사실

---

* 이 책의 부제 역시 뭐라도학교의 모토에 빚을 졌다.

시니어를 대상으로 한 교육은 무척 많다. 지자체, 기관, 단체마다 시니어 대상의 수많은 과정이 만들어지고 있다. 워낙 프로그램이 많다 보니 여기저기 교육 과정만 참여하며 떠돌아다니는 '은퇴 난민'이란 말이 공공연하게 나올 정도다. 대부분의 강의는 후속 과정 없이 강의 자체로 종료된다. 강의를 들으며 마음이 맞는 사람끼리 동아리를 만들기도 하지만, 대개 한 달에 한 번 정도 모임을 갖고 1년 정도 지나면 흐지부지되고 만다.

뭐라도학교 역시 인생학교 동문끼리의 친목 모임에서 출발했다. 평생학습관의 정성원 관장이 '동문회로 끝내지 말고 단체를 만드는 게 어떠냐'며 강의실 사용과 강사비 지원을 제안했다. 누구에게나 모임을 지속할 수 있는 공간은 일차적인 조건이자 비빌 언덕이다. 뭐라도학교의 김정일(61) 교장은 당시 분위기를 이렇게 전한다.

"사람들이 반가워하더라고요. 처음에는 한 달에 한 번씩 만나 밥 먹고 등산하는 정도였는데, 공간만으로도 큰 도움이 된다고 생각했지요. 게다가 강사도 지원한다고 하니까 다들 의욕을 보였어요."

비빌 언덕과 의욕이 있다고 해서 일이 저절로 성사되는 것은 아니다. 준비 과정은 치열했다. 평생학습관의 실무자와 30명 정도의 시니어가 함께 어떤 형태의 조직을 만들 것인지를 두고 TF를 조직, 1박 2일 워크숍을 포함해 모두 열여섯 차례의 회의를 진행하며 넉 달 가까이 고민한 끝에 2014년 12월 17일에 드디어 창립총회를 열었다. 학교란 이름에 걸맞게 개교는 2015년 3월 신학기에 시작했다. 그 후 지금까지 인생학교에서 인생수업으로 명칭이 바뀐 기초

뭐라도학교의 준비 과정은 치열했다. 평생학습관의 실무자와 30명
정도의 시니어가 함께 TF를 조직, 1박 2일 워크숍을 포함해 모두
열여섯 차례의 회의를 진행하며 넉 달 가까이 고민한 끝에 2014년
12월 17일에 드디어 창립총회를 열고, 2015년 3월에 개교했다.

과정 수료자만 5기에 걸쳐 150여 명을 배출했고, 학교 회원으로 가입한 사람은 130명, 활동을 활발하게 진행하는 사람이 60여 명에 이른다.

'뭐라도'라는 말엔 어딘가 자포자기의 뉘앙스가 배어 있는 것처럼 느껴진다. 자칫 찬밥, 더운밥 가리지 않겠다는 이야기처럼 들리기 때문이다. 가장 좋은 것, 훌륭한 것, 완성도 있는 것, 아름다운 것이 아닌 '아무 거나'라는 체념의 정서가 내면화된 게 아닌가 하는 의심을 갖게 된다. 하지만 뭐라도학교의 뭐라도는 '의지'의 표현이다. 시니어의 현실을 그대로 보여주되, 현실을 넘어서기 위한 노력에 경계를 두지 않겠다는 다짐이다. 그뿐만이 아니다. 뭐라도학교의 뭐라도는 뭐든지 가능하다는 '자신감'과 '자부심'의 표현이기도 하다. 김정일 교장은 이렇게 표현한다.

"즐겁고 행복하고, 그리고 그것이 우리가 사는 수원에 도움이 되고 우리 발전에 도움이 되는 것이면 무엇이든지 행동합니다."

공동체와 개인에게 도움이 되는 일이라면 뭐라도 행동으로 연결한다는, 무척 단순하면서도 강렬한 다짐이다.

사실 옛날부터 시니어, 즉 노인은 공동체가 어떤 결정을 내리는 데 가장 중요한 사람이었다. 부족사회의 족장이 그랬고, 주술사가 그랬으며, 장로가 그랬고, 원로원이 그랬다. 지금도 그 전통이 남아 있어서 사회적 갈등이 고조될 때 주요 정책 결정자는 원로의 자문을 받곤 한다. 노인은 그 경험과 지식, 현명함 등으로 지도자로서 신임을 받는 사람이었으며, 공동체 내에서 가장 지혜로운 존재였다. 그러나 어느 순간부터 그 관계는 역전되기 시작했다. 역사가들은 그 역전의 원인을 기록에 의존하는 문화와 기술의 발달 두 가지에서 찾는다.

> 구전 전통과 관습에 의존하는 문명이 노인에게 더 호의적이었다. 그러한 사회에서 노인은 세대 간의 연결 고리이자 집단의 기억 전수자 역할을 했다. 노인은 기나긴 야회와 법적 소송에 필요한 존재였다. 그리스 그리고 특히 중세가 그러한 경우였다. 반대로 관습에 대한 그들의 지식을 무용한 것으로 만드는 문자와 문서 기록, 성문법의 발달은 노인에게 득이 되지 않았다. 그런 의미에서 로마와 르네상스는 그들에겐 흉조였다. 법률을 존중하는 이 문명은 노인의 관습적 경험을 덜 필요로 했다. 더구나 르네상스 시대에는 역사가 상대적으로 가속화되어 노인이 시대에 뒤떨어지고 무용한 것의 대열로 낙오하는 데 한몫했다.[*]

그러니까 개인에게 축적된 지식이 요긴한 사회에서는 노년이 그 가치를 인정받지만, 기술 발전으로 새로운 것을 계속 배워야 하는 상황에서는 기존의 지식과 관점을 지닌 노년이 어려움을 겪을 수밖에 없다는 이야기다. 르네상스 시대가 그러한데, 현대 사회에서 노년이 겪는 곤란을 새삼 거론할 필요는 없을 것이다.

뭐라도학교는 노년의 이 곤란을 정면으로 돌파한다. 뭐라도학교

---

[*] 조르주 미누아, 《노년의 역사》, 아모르문디, 2010, p.540.

에는 자신의 경험을 최고선으로 생각하는 '훈장 스타일'의 시니어는 없다. 대신 새로운 것을 배우는 데 주저함이 없고, 자신이 가진 재능을 공동체와 나누는 것을 기꺼워하며, 무엇이든 행동에 나서는 데 게으르지 않고, 이 모든 과정을 즐기는 액티브한 시니어가 함께 한다.* 로마의 웅변가 키케로는 《노년에 관하여》(숲, 2005)에서 노년의 곤란을 네 가지로 정리한 후 이를 하나하나 논파했다. 노년은 활동할 수 없고, 몸은 허약해지며, 쾌락과 멀어지는 대신 죽음이 가까워진다는 것이 세상의 편견인데 실제로는 그렇지 않다는 것이다. 키케로가 노년의 정력적인 활동을 옹호하며 드는 근거들은, 신체적 강건함은 물론이고 다양한 활동을 위한 시스템이 잘 갖춰진 지금의 노년에게 더욱 맞춤한 말이다.

뭐라도학교에는 입학은 할 수 있지만, 졸업 과정은 없다. 김정일 교장은 "임종 시 유언하실 때 저희가 가서 졸업장을 드립니다"라고 말하며 웃는다. 학교지만, 동시에 날마다 나와서 뭔가를 해야 하는 일터이기도 하다. 일터라고는 하지만 당연하게도 명예퇴직이나 정년퇴직은 없다. 학교의 가장 큰 특징은 모두가 배우는 학생이자 동시에 가르치는 선생님이라는 점이다. 그런데 예상 외로 '입학 조건'이 까다롭다.

"저희 학교에 입학하려면 학력, 스펙, 자격증 다 필요 없습니다.

---

* 액티브 시니어(active senior)는 적극적으로 은퇴 생활을 하는 활기찬 은퇴자를 말한다. 전통적 노년과 달리 자기계발과 여가 활동, 관계 맺기에 적극적이다. 일반적으로 50~60대를 지칭하지만, 은퇴 연령이 빨라진 만큼 40대 후반까지 포함하기도 한다.

단 50년 이상의 인생 이력서가 있어야 합니다. 박사도 10년 공부하면 되지 않습니까? 50년이면 박사 다섯 개쯤은 되니까 다른 건 필요 없다고 생각합니다."

세월 자체를 자격으로 인정하는 학교, 일을 하는 건지 노는 건지 배우는 건지 잘 구분이 되지 않는 학교, 어쩐지 듣는 것만으로도 즐거운 기운이 전달되는 것 같지 않은가.

뭐라도학교의 비영리단체 등록에서 발생한 일화는 학교의 복잡한 성격을 직관적으로 보여준다. 김정일 교장은 단체 등록을 하기 위해 '뺑뺑이'를 돌아야 했던 일을 회상한다.

"비영리단체에 등록하려고 관공서에 갔더니, 이건 학교니까 교육정책과로 가라고 하더군요. 그래서 교육정책과로 갔더니 이건 시니어니까 시니어과로 가라 그래요. 시니어과로 갔더니 이건 사업장이 있으니 일자리정책과로 가라 그럽니다. 그렇게 한참이나 뺑뺑이를 돌려서 하마터면 공무원과 다툴 뻔했습니다."

이 에피소드는 공무원의 일 미루기나 복지부동을 폭로하는 것처럼 보이기도 하지만, 동시에 뭐라도학교의 성격이 그만큼 복합적이라는 것을 보여준다. 시니어의 모임이지만 학교의 성격을 가지고 있고, 학교지만 동시에 일자리 문제를 고민하는 것이다.

이 복합적인 성격은 학교의 커리큘럼에도 그대로 반영된다. 뭐라도학교에서 운영하는 교육 과정은 기본 클래스, 전문 클래스, 창작 클래스 세 개로 구성된다. 기본 클래스는 뭐라도학교의 정회원이 되는 기본 과정으로 '인생수업'이 1년에 2회 진행된다. 전문 클래스는

뭐라도학교의 교무 회의 장면. 뭐라도학교는 시니어의
모임이지만 학교의 성격을 가지고 있고, 학교시민 동시에
일자리 문제를 고민하는 복합적인 성격을 갖고 있다.

시니어의 성장을 도모하는 전문 심화 과정 단계로 '사회공헌/사회적 경제 아카데미', '시니어 전문 강사 양성 과정', '우리들교실 강사 워크숍' 등이 있다.

가장 중요한 창작 클래스는 시니어가 스스로 만들어가는 배움과 나눔의 커뮤니티를 지향한다. 회원 스스로 주제와 강사를 선정하여 함께 배우는 공개강좌 '월담', 회원 스스로 강좌를 개설하여 지식과 지혜를 나누는 '우리들교실', 회원 간의 교류와 활동의 장 '커뮤니티' 등이 운영된다. 기본 클래스와 전문 클래스가 뭐라도학교에서의 활동을 위한 교육이라면, 창작 클래스는 시니어 스스로 기획하고 움직여 만들어내는 활동이라는 차이가 있다.

커리큘럼과 활동 영역을 성격에 따라 다시 분류하면 다음과 같다.* 뭐라도학교의 사업 모델을 도식화한 다음의 그림을 보면 인생수업을 시작으로 시니어의 교육 사업과 커뮤니티 사업, 사회공헌 사업이 사이좋게 배분되어 있는 것을 알 수 있다. 배우고 나누고 즐기고 행하는 과정이 유기적으로 엮여 '스스로 배우고 도전하는 액티브 시니어들의 베이스캠프'라는 학교 소개말을 뒷받침한다.

공개강좌 '월담'은 매달 한 번씩 이야기를 나눈다는 뜻과 담을 넘는다(경계를 넘는다)는 의미를 동시에 지니고 있다. 월담은 시니어가 원하는 교육을 시니어 스스로 기획하자는 의도에서 시작했다. 김정일 교장은 "모든 시니어 정책은 젊은 사람이 만들어요. 시니어는 수

---

* 뭐라도학교 온라인 카페 http://cafe.daum.net/3rd-Age

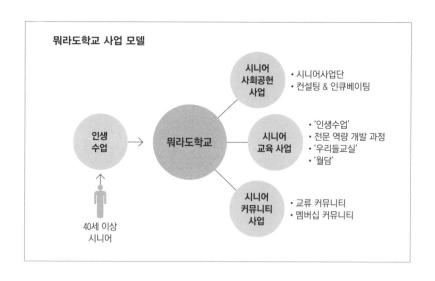

뭐라도학교 사업 모델

동적입니다. 시니어는 와서 듣고 배우고, 물으면 답변하는 관계에 있을 뿐이죠. 우리는 왜 시니어의 활동을 시니어가 아닌 젊은 사람이 기획하는지 의문을 가졌습니다"라고 말한다. 매달 강좌를 열어 죽음과 노년의 사랑을 영화로 배우기도 하고, 민요나 전래놀이 등을 익히기도 했다. 생각해보면 당사자가 스스로에게 필요한 것, 스스로가 원하는 것, 좋아하는 것을 가장 잘 안다. 그런데 이 당연한 사실을 우리는 이제껏 외면했던 것이다.

사실 시니어가 직접 기획하고 사업을 추진한다는 것은 뭐라도학교의 가장 큰 자부심인 동시에 약점이다. 다른 지자체나 기관에서는 전문가가 모든 일을 다 해주고 시니어는 그저 참가만 하면 된다. 그런데 뭐라도학교에서는 기본적인 행정을 포함해 모든 일을 시니어가 직접 만들고 추진해 나가야 하기 때문에 어렵고 힘들 수밖에 없다. 일부 회원은 이를 불만스럽게 이야기하기도 한다. '내 돈 내고

왜 시니어의 활동을 시니어가 아닌 젊은 사람이
기획하는가에 대한 문제의식에서 시작된 공개강좌 '월담'은,
매달 한 번씩 이야기를 나눈다는 뜻과 담을 넘는다(경계를
넘는다)는 의미를 동시에 지니고 있다. 시니어가 직접
기획하고 사업을 추진한다는 것은 뭐라도학교의 가장 큰
자부심이다.

내가 하면서 왜 이렇게 일을 어렵게 하느냐'는 것이다. 정치적으로 조율하면 지자체 예산도 크게 받을 수 있을 것 같은데 그렇지 못한 현실을 답답해하는 사람도 있다. 그러나 역시 자신의 문제를 스스로 풀어 나간다는 것에 의미를 두고 진행을 하다 보면 서서히 자부심이 커져갈 수밖에 없다.

당연한 말이지만 뭐라도학교의 배움은 사람을 변화시킨다. 김정일 교장은 사람에 대해 새로운 눈을 뜨게 됐다고 한다.

"모든 사람이 소중한 재능을 가지고 있고, 열정도 있고 배울 점이 많더라고요. 서로가 서로를 알면서 신뢰도 생기고요. 이거야말로 뭐라도학교의 큰 자산이죠. 사람 자체를 귀하게 아는 것을 배울 수 있어서 행복하다고 생각해요. 지금까지 행복하다는 말을 거의 써본 적이 없는데, 이 활동을 시작한 다음에는 행복하다는 말이 절로 나오네요."

이종림(62) 씨는 뭐라도학교가 자신을 겸손하게 만들었다고 했다.

"전에는 내가 대단한 사람이라고 생각했죠. 회사에 직원이 얼마나 있었고, 얼마나 중요한 일을 했고, 뭐 그런 거요. 그런데 은퇴 난민을 거치고 뭐라도학교에 와서 철이 많이 들었어요. 인생도처유상수(人生到處有上手)라는 말을 떠올립니다. 인격적으로 존경할 만한 사람, 좋은 사람을 많이 만날 수 있어서 다행이에요."

강병원(62) 씨의 말도 극적이다. 그는 뭐라도학교에서 스스로 성장한다는 느낌을 받는다고 고백한다.

"시간을 쪼개 뭐라도학교의 인생수업을 수강하지 않았더라면?

정말 큰일 날 뻔했다. 내가 생각했던 비전을 구체화할 수 있는 환경이 제공되었고 동료를 만날 수 있었다. 우리는 뭐든지 할 수 있다는 자부심이 대단하다. 사람들과 모여서 의논하고 컨설팅 받으면서 뭔가 계속 성장하는 느낌이다. 이 나이에!"

뭐라도 나누고

뭐라도학교에서는 배움보다 나눔을 더 강조한다. '우리들교실'은 외부 강사가 아닌 회원의 강의로 이루어진다. 회원이 스스로 만든 강좌를 회원이 선택하여 운영하는 방식이다. 뭐라도학교는 누구든 한 강좌 이상을 반드시 개설할 것을 권한다. 모든 사람이 자신의 강좌를 연다는 것은 스스로를 점검하고 자신을 객관화하는 데 큰 도움을 준다. 강좌 콘텐츠는 다양하다. 자기가 할 수 있는 일이라면 김치 담그는 법이나 된장찌개 끓이는 법도 강의가 될 수 있다.

많은 사람이 가르치고 배운다는 말의 거리가 멀지 않다고 이야기한다. 가르치는 것은 스스로 배우는 과정이며, 배우는 사람 역시 자신을 배움으로 이끌면서 스스로를 가르친다. 결국 가르치고 배우는 위치는 중요하지 않다. 중요한 것은 공통된 관심사를 가진 이들이 만나 서로 소통하고 관계를 맺는다는 것이다. '렛츠 컨퍼런스*'로 알려진 지식 품앗이 시스템이 이런 과정을 잘 보여준다. 수원시 평생학습관의 '누구나학교', 은평구 평생학습관의 '숨은고수교실', 대구의 '내 마음은 콩밭협동조합' 그리고 '똑똑도서관', '○○은 대학' 등이 배움과 가르침의 이중주를 일상화한 활동을 운영하고 있다. 물론 뭐라도학교 역시 마찬가지다.

'우리들교실'에 개설된 강좌를 보면 레몬티 만들기, 스마트폰 사진으로 동영상 만들기, 시니어 브랜드 명함 만들기, 사진과 함께하는 세계여행, 만화로 배우는 일본어, 펀 팝스(Fun Pops), 영상 앨범 제작 교실, 시니어 일대일컴퓨터교실, 서양화 기초, 타로 이야기, 나의 블로그 만들기, 인물 스케치, 유전자 조작(GMO) 알아보기, 기분 좋은 정리 수납 등 분야와 내용을 넘나드는 수많은 내용이 축적되어 있다. 25개 안팎의 강의가 지금까지 개설되었고, 2017년을 지날 때쯤이면 50여 개에 이를 것으로 예상된다.

초등학교에서 영어 담당 수석 교사로 정년퇴직을 한 분은 팝송 교실을 열었다. 처음 수강생은 두 명뿐이었지만, 이제는 제법 인기가 많아져서 일주일에 두 개의 수업을 운영한다. 팝송은 시니어의 추억을 자극하는 매개체다. 매주 모여 새로운 팝송을 익히며 회화와

---

* 서울시 NPO 지원 센터 아카이브(http://www.seoulnpocenter.kr/bbs/board.php?bo_table=npo_aca&wr_id=22)에서 발췌. "렛츠(LETS)는 공동체 안에 이미 내가 배우고 싶은 것을 알려줄 수 있는 사람이 있을 수 있고, 동시에 내가 도움을 줄 수 있는 사람이 있을 수 있기 때문에 이를 인식하고, 공유하고, 서로를 연결하는 배움과 지식의 품앗이 시스템이라 할 수 있습니다. 여기서의 렛츠는 Local Energy Trading System의 앞 글자를 합친 말인데, 지역화폐운동인 LETS(Local Exchange and Trading System)에서 아이디어를 가져왔습니다. 창작자를 위한 렛츠 컨퍼런스가 2010년 3월, 국내에서 처음 개최되었습니다." 렛츠 컨퍼런스는 '지속 가능한 창작공동체(지창공)'라는 단체를 통해 소개되었지만, 현재 지창공 사이트(https://sites.google.com/site/balsangcc)의 자료 링크가 작동하지 않아 관련 내용이 잘 정리된 곳의 주소를 연결했다.

문법을 배우고, 노래에 맞춰 춤추고 가사도 돌려 읽다 보니 저절로 젊은 시절을 떠올리며 웃는 시간이 됐다.

교육청 공무원으로 정년퇴직한 분은 전 세계의 산악 지역을 여행하고 찍은 사진으로 월 1회 강좌를 열어 1년 이상 인기 속에 진행 중이다. 뭐라도학교 카페에 실린 강사의 자기소개가 인상적이다.

"백두산 종주 트레킹으로 시작하여 일본 북알프스, 안나푸르나, 키나발루, 린자니, 로키, 유럽 알프스 3대 미봉, 킬리만자로, 뉴질랜드 남북섬, 네팔 랑탕 계곡, 동유럽 돌로미테, 황산, 쓰꾸냥 산, 옥룡설산, 아이슬란드 등 트레킹과 동유럽, 서유럽, 스페인, 터키, 크로아티아, 인도, 남미, 미국, 캐나다, 몽골, 바이칼, 아이슬란드 여행의 기쁨을 사진으로 남겼습니다."

사진을 보며 지역의 역사와 문화를 공부하고, 해당 지역을 여행하는 데 필요한 팁을 함께 나눈다.

뭐라도학교는 개인의 특기에 대해 전공과 자격증의 유무를 따지지 않는다.

"그냥 무조건 가르쳐보라고 합니다. 그런 분이 가르치는 것을 오히려 수강생이 재밌어합니다. 왜냐하면 격의가 없거든요. 하여튼 각자 인생 전반기에 자기가 좋아했던 일이 있으면 무조건 강좌를 열어서 남한테 나눠주자, 혼자 갖고 있어 봤자 나 혼자 즐겁지만 남에게 가르쳐주면 다 그게 귀중한 재산이 되니까 나눠주자는 것이 저희의 목표입니다."

김정일 교장의 말처럼 미술 전공자가 아닌 김명숙(59) 씨는 나이

뭐라도학교의 커리큘럼과 활동 영역을 보면, 인생수업을
시작으로 시니어의 교육 사업과 커뮤니티 사업, 사회공헌
사업이 사이좋게 배분되어 있다. 배우고 나누고 즐기고
행하는 과정이 유기적으로 엮여 '스스로 배우고 도전하는
액티브 시니어들의 베이스캠프'라는 학교 소개말을
뒷받침한다.

마흔이 넘어서 본격적으로 그림을 그렸다. 17년 동안 그린 그림 실력으로 우리들교실을 열었고 수강생이 줄을 잇고 있다.

뭐라도 즐기고

뭐라도학교에는 '시니어컬처클럽'이라는 동호회가 있다. 매월 '문화가 있는 날'에 맞춰 그달의 문화 활동을 즐긴다. SNS를 통해 수시로 문화예술 정보를 공유하는 것은 물론이다. 2016년 5월 25일 시니어컬처클럽의 동선을 한번 따라가 보자. 예술의 전당으로 모인 이들은 11시 IBK 체임버홀에서 '예술의 전당 아티스트 라운지' 프로그램을 관람한다. 피아니스트 조재혁이 바흐, 베토벤, 쇼팽, 드뷔시 등의 곡을 연주한다. 실내악 감상이 끝나고 점심식사를 함께한 후 한가람미술관에서 열리는 대한민국미술제를 관람한다. 마지막으로 카페에서 커피를 마시며 모임을 정리한다. 여기서 끝이 아니다. 모임에 참여했던 이들은 다음 날 다시 모임을 갖고 전날 관람했던 음악회와 전시를 감상한 느낌을 나누고 주제에 대한 공부를 추가한다. 한 달에 한 번만 문화 활동을 즐기느냐고? 문화가 있는 날이 고정 행사라면, 수시로 열리는 행사도 있다. 즐기고 싶은 문화 활동은 언제든 SNS를 통해 공유하고 함께 갈 사람을 모아 동행한다. 음악, 미술, 공연 등 장르를 가리지 않고 예술 체험과 공부를 함께하는 커뮤니티라고 할 수 있다.

마음 맞는 사람끼리 배낭 하나 둘러메고 여행을 떠날 수 있는 모임인 어디든여행단.

커뮤니티 활동으로 '어디든여행단'과 '삼식이브런치'도 있다. 삼식이브런치는 함께 식사를 하며 담소를 나누는 모임인데, 삼식이브런치라는 명칭은 시니어의 현실을 보여주는 바로미터처럼 느껴진다. 삼식이라는 말에서 성 역할 고정이라는 덫이 보이기도 하지만, 모임을 통해 달라질 시니어의 모습을 기대해보게 된다. 마침 뭐라도학교에는 '은퇴자를 위한 아재집밥교실'이 있어 스스로 요리하고 밥을 차려 먹을 수 있는 방법을 익힐 수도 있다. 어디든여행단은 마음 맞는 사람끼리 배낭 하나 둘러메고 떠날 수 있는 모임이다. 지금까지 10여 차례 모임을 통해 원주, 부산 등 다양한 곳을 함께 다녀왔다.

올해 뭐라도학교에는 액티브 시니어의 머리글자를 딴 '액시'라는 이름의 극단이 생길 뻔했다. 제안자가 사람들을 설득하고 지원까지 받았는데, 글쎄 다른 지역으로 덜컥 취직이 되어버렸다. 그때 지원

한 사람들은 여전히 함께 만나 대본을 읽으며 제안자의 복귀를 기다리고 있다. 김정일 교장은 "가끔 취직되신 선생님께 연락해서는 언제 잘리는지 묻습니다. '2년 계약직이니까 잘리기를 기도하세요' 하시길래 열심히 기도하고 있습니다"라고 말했다며 웃는다. 2년 이후에는 뭐라도학교에 극단이 다시 생길까? 아마도 그전에 어디선가 다른 능력자가 툭 튀어나오지 않을까 생각해본다.

뭐라도 행하자

뭐라도학교에서는 지금까지 15개 정도의 사업단이 만들어졌다. 현재 왕성하게 활동하는 곳은 여덟 개 정도다. 사업단은 일차적으로 지역사회의 필요와 욕구를 충족하기 위해 자원봉사 활동을 추진하는 단위다. 물론 사회공헌만을 목표로 하진 않는다. 어느 정도 궤도에 오르면 구성원에게도 도움이 될 수 있는 경제 활동을 병행한다. 김정일 교장은 뭐라도학교의 사업단이 지역사회에서 할 수 있는 일이 무궁무진하다고 단언한다.

"지역사회에 도움이 되고 우리 자신에게도 보탬이 되는 일이 실제로 해보니까 무궁무진해요. 우리 손길을 요구하는 곳이 많습니다. 더 많은 시니어가 모이면 별의별 사업단이 만들어질 수 있다고 생각합니다."

'추억디자인연구소'는 뭐라도학교의 1호 사업단이다. 2014년에

결성되자마자 수원시 시민창안대회에 출전, 86개 팀 중 당당히 3등을 차지하기도 한 뭐라도학교의 대표 사업단이다. 설립 이후 매주 모임을 가지면서 회원들의 역량 강화에도 힘을 기울였다. 추억디자인연구소의 박홍조(73) 씨는 친구들 중 스마트폰을 가장 잘 쓰는 것으로 유명하다. 그는 얼마 전 등산길에서 있었던 일화를 이야기해주었다.

"설악산에 등산하는 사람끼리 놀러 갔는데, 스마트폰으로 그날 찍은 사진을 영상으로 만들어 돌아오는 길에 나눠줬더니 화들짝 놀라더라고요. 나 따라다니면 다 배울 수 있다고 했지요."

추억디자인연구소 구성원 개개인의 역량이 만만찮은 수준임을 보여주는 에피소드다. 최근엔 시니어끼리 스마트폰을 통해 각종 영상을 공유하는 비율이 부쩍 늘어났다. 박홍조 씨는 "친구들이 동영상을 보내주면 시시해서 못 보는 경우가 많아요"라며 웃는다.

시니어의 인생 스토리를 이미지와 영상으로 만들어주는 추억디자인연구소의 사업 모델은 많은 사람에게 지지를 받는다. 옛날 사진을 디지털화하고 자서전으로 꾸며놓은 동영상을 만들면 '자신의 일생이 TV 화면에서 드라마 주인공처럼 펼쳐지는 것을 보며 아주 행복해한다'는 게 관계자의 전언이다. 추억디자인연구소는 단순히 영상만을 만들어주는 게 아니라, 사진을 통해 상담을 병행하는 작업도 진행한다. 박홍조 씨는 이 작업이 특히 나이 많은 어르신에게 효과가 있다고 이야기한다.

"많은 노인이 사진 처리를 고민해요. 버리자니 아깝고 가지고 있

뭐라도학교의 1호 사업단인 추억디자인연구소. 2014년에
결성되자마자 수원시 시민창안대회에 출전, 86개 팀 중 당당히
3등을 차지하기도 한 뭐라도학교의 대표 사업단이다.

자니 자식에게 부담이 되거든요. 흑백사진을 꺼내 살아온 과정을 되짚어보고, 앞으로 어떻게 살아갈지 짜보고, 자식과의 관계나 앞날의 설계를 하게 하는 효과가 있습니다. 옛 추억을 되짚으면서 앞으로 가족에게 어떤 추억을 만들어줄지 생각하게 되는 거죠. 나이 든 어른에게 보람 있고 의미 있는 일이라고 생각해요."

옛 사진을 통해 과거를 회상하게 되면 상담 효과가 배가된다는 게 경험자의 한결같은 말이다. 사진이라는 매개물 하나로 상담을 하는 사람과 받는 사람 간의 거리가 순식간에 허물어지고 공감대를 형성할 수 있다는 것이다. 사진 상담 분야는 앞으로 확장의 여지가 상당해 보인다. 추억디자인연구소는 복지관, 주민센터, 구민회관, 도서관, 학교 등지에서 강의를 하거나 프로젝트를 통한 수익금을 적립해 매달 10여 명의 구성원에게 배당한다. 금액은 크지 않지만, 의미는 결코 작지 않다. 자신이 즐기는 일을 하면서 지역사회에 공헌하고 얻는 수입이라는 건 직장 생활을 하면서 얻는 수입과는 질적으로 다른 종류의 만족감을 안겨줄 것이다.

'일대일컴퓨터교실'도 호응이 많은 사업단이다. 말 그대로 학생 한 명에 선생님 한 명을 짝 지워 진행한다. 사실 시니어를 위한 컴퓨터 교실은 넘쳐나지만 시니어가 제대로 진도를 따라가는 경우는 많지 않다. 정부는 학원 등에 예산을 퍼붓지만, 노인은 진도를 따라잡지 못해 구박만 받기 일쑤인 것이다. 김정일 교장은 "컴퓨터를 다루지 못하는 것은 예전에 한글을 모르는 것과 같아요. 문맹이죠. 그런데 대부분 시니어는 잘 모르거든요. 보조 강사를 하는 사람도 새롭게 익히고 가르치니까 서로 호응이 높습니다. 교사가 모자라서 많이 못하는데, 모집 공고만 하면 그날로 마감이 될 정도로 인기가 많지요"라며 분위기를 전했다.

생각해보면 인터넷이나 정보통신 기술은 노인에게 더욱 유용한 경우가 많다. 컴퓨터 교실에서 인터넷 뱅킹을 가르쳤더니 반응이 뜨거웠다. 은행에 가려면 번거롭고 시간도 걸리는데다 위험하기까지 한데, 집에서는 단지 몇 분 만에 손쉽게 처리할 수 있기 때문이다. 젊은 세대에게는 일상이고 당연한 것이 시니어에게는 낯설기 그지없는 경우가 많다. 김정일 교장은 일본에 딸을 둔 할머니(77)의 일화를 들려주었다.

"일흔일곱 된 할머니가 일본에 있는 딸에게 이메일을 못 써서 소식을 전하질 못하는 거예요. 국제전화는 비싸니까. 그런데 컴퓨터 교실을 수강하고 나선 이메일도 쓰고 화상 통화도 하십니다. 얼마나 고마워하시는지 몰라요. 이 모델은 좀 더 힘이 되면 전국에 퍼뜨리고 싶다는 생각이 들어요."

실제로 뭐라도학교는 전국화를 고민 중이다. 학교의 모델을 다른 지자체와 연계해 만들어가면 타 지역에도 확산할 수 있는 계기를 만들 수 있을 것이라고 생각한다. 여러 지역에 뭐라도학교가 생기면 정보 교환은 물론 상호 교류 등 할 수 있는 일이 많을 것으로 예상한다. 지역 단위 학교끼리도 서로 도움을 주고받으며 배울 수 있는 일이 많을 것이다.

직장인의 현실을 적나라하게 그려냈다는 평을 받은 TV 드라마

학생 한 명에 선생님 한 명을 짝 지워 진행하는
'일대일컴퓨터교실'도 호응이 많은 사업단이다. 인터넷이나
정보통신 기술은 노인에게 더욱 유용한 경우가 많다.

〈미생〉에서 등장인물 김 대리는 말한다. '일이 지금의 나'라고. 직업은 개인의 정체성에서 중요한 부분을 차지한다. 은퇴와 더불어 직장과 일을 중심으로 구성되었던 인간관계 역시 급속한 변화를 겪게 된다. 은퇴자가 아니더라도 노년의 삶은 도시화와 사회적 이동으로 친구나 친척, 고향으로부터 단절되기 일쑤다. 노인이 하루하루 도시를 배회하게 되는 것은 이런 요인과 직접 연관이 있다.[*] 뭐라도학교는 이렇게 도시에서 떠밀려온 사람이 새로운 삶을 기획하며 스스로 만든 조직이다.

추억디자인연구소 이종림 소장의 시는 뭐라도학교의 성격을 잘 보여준다. 뭐라島에서 새로운 육지를 찾아 뭐라도학교라는 이름의 연륙교를 건너는 노년의 앞날에 응원을 보낸다.

뭐라島 사람들

어느 날
은퇴라는 이름으로 등 떠밀리듯
갑자기 항해하던 배에서 내려오게 된 사람들
퇴직하기에는 너무 젊고, 도전하기에는 너무 준비 안 된 사람들
저마다 가족을 위해 조직을 위해 열심히 발버둥 치며 살다가
사연을 안고 하나둘 모여들기 시작한 섬 뭐라島

[*] 정진웅, 《노년의 문화인류학》, 한울, 2012, p.149.

퇴직 쓰나미로 떠내려온 사람

베이비부머라는 이름으로 떠밀려온 사람

조기퇴직으로 스스로 걸어들어온 사람

모두가 은퇴가 아닌 반퇴라는 이름으로 이 섬에 갇힌 사람들

그렇게 모여 서로 위로하며 소통하다

<u>스스로</u> 배우고

<u>스스로</u> 도전하고

<u>스스로</u> 해보겠다는 의지와

<u>스스로</u> 자립해보겠다는 신념으로 만든 '뭐라도학교'

섬 곳곳에는 뭐라도 배우고

뭐라도 나누고

뭐라도 즐기고

뭐라도 행하자

는 격문이 곳곳에 나붙어 있고

100세 시대 인생 설계를 의미 있게 준비하고 있는 섬 뭐라島 사람들

뭐라島는

우리 자신을 되돌아보게 하고

도전과 용기를 심어주는

우리들 마음속 희망의 섬이며

뭐라도학교는 육지를 연결하는 연륙교입니다

당신은 뭐라도 할 수 있고

뭐라도 할 수 있는 당신은

참으로 행복한 사람입니다

6

'왕언니'가 가면
길이 됩니다

동대문문화원 왕언니클럽

여기, 잘 노는 왕언니들이 있다. 실버 세대의 걸 그룹 왕언니클럽은 '자식보다 자네가 좋고'를 신뢰하며, 춤추고 노래하고 에이지즘에 반대하며 노년의 새로운 자아상을 형성하고 있다. 창단 10주년을 맞는 왕언니들의 무한도전은 멈추지 않는다.

동대문문화원이 있는 동대문문화회관은 한때 영화촬영소가 자리
했던 곳이다. 우리나라 극영화의 산실인 영화촬영소가 한창 영화를
누리던 1970년대 후반 시인 민영은 연작시편 〈답십리(踏十里)〉에서
"촬영소 고개 너머/ 십리(十里)의 불빛"(〈답십리 1〉)을 보며, "김세나
낙양성 십리허(洛陽城十里許)/ 에도 덩실거리고,/ 심청가(沈淸歌) 자진
모리에도/ 고개 떨"(〈답십리 3〉)구던 '늙은 사당' 같은 청량리 역세권
에 사는 시정(市井) 생활인의 애환을 시로 형상화했다. 시인이 사는
동네인 '답십리'라는 지명이라는 의미 외에도 십리(十里)를 밟으며
(踏) 주어진 인생을 살아가는 인생길에 대한 시적 비유가 눈에 띈다.
시인이 1977년 《창작과비평》에 연작시편을 쓸 무렵 동시대 생활인
으로서 "청석(靑石)의 소금 짐"(〈답십리 1〉)을 지고 길 떠나던 사람들
은 어디로 갔을까?

동대문문화원의 대표 동아리 왕언니클럽은 '청석의 소금 짐'을 지고 한 시절 생활인으로서 자기 시대를 열심히 살아온 여성들이 노래와 춤을 함께 소화하며 문화 자원 활동을 하는 국내 최고의 실력파 실버 중창단이다. 지금은 60~80대가 되어 할머니 소리를 듣는 나이에 이르렀지만, 스무 명의 왕언니클럽 회원들은 이른바 에이지즘(ageism, 연령주의)에 반대하며 노래와 춤을 통해 나눔의 의무를 실천한다. 나눔은 결국 타인을 인정하는 것이라고 할 때, 왕언니클럽은 타인을 인정하는 나눔 활동을 통해 결국 '나'를 이해하고 인정하는 문화 활동을 하는 것이다. 우리가 구성하는 자아상은 '체험적 실재'를 그대로 반영하는 것이 아니라, 다양한 경험의 요소가 각 개인에게 의미 있는 방식으로 선택·조합되어 구성되게 마련이다.[*] 그런 점에서 65세 이상 여성으로 구성된 왕언니클럽은 동아리 활동 과정에서 삶의 시간표를 새로 작성하며 노년의 자아상을 형성해가고 있다. 문화 활동에 참여하면 할수록 '홀로 설 수 있어야 함께 설 수 있다'는 점을 실감하는 것이다. 왕언니클럽의 아지트인 옛 영화촬영소 지하 1층 연습실을 찾았다.

[*] 정진웅, 《노년의 문화인류학》, 한울아카데미, 2004, p.16.

"자식보다 자네가 좋고"

스무 명의 왕언니클럽 회원은 대형 거울이 있는 지하 연습실에서 정선화(50) 선생의 지도 아래 맹연습 중이었다. 마침 가수 진시몬이 2015년에 부른 노래 〈보약 같은 친구〉가 흘러나오고 있었다. 왕언니들의 몸놀림이 바빠진다. "아침에 눈을 뜨면/ 제일 먼저 생각나는/ 자네는 좋은 친구야"라는 노랫말이 착착 감긴다. 왕언니들은 노래에 맞춰 율동을 하며 군무 대형을 유지한다. 한두 번 호흡을 맞춘 솜씨가 아니다. 이윽고 노래가 "자식보다 자네가 좋고/ 돈보다 자네가 좋아/ 자네와 난 보약 같은 친구야" 운운하는 대목을 지나 "같이 가세 보약 같은 친구야"에 이르자 왕언니들이 다 함께 옆 사람의 손을 잡으며 '칼군무'를 선보인다. 완벽해 보였다, 적어도 몸치인 내 눈에는.

그런데 노래가 끝나자 정선화 선생의 주문이 이어진다. 부드럽지만 예리하다. "'같이'라는 가사가 나오면 무조건 옆 사람의 손을 붙잡으세요. 그러면 관객은 따라하게 됩니다"라고 말한다. 왕언니들이 다시 연습에 임한다. 한 번, 두 번, 세 번……. 세 번을 연이어 연습한 후에야 다른 곡 연습을 위해 잠시 휴식을 갖는다. 누군가가 "이 노래, 우리 왕언니 교가(校歌) 하면 안 돼요?"라고 말한다. 〈보약 같은 친구〉가 오승근의 〈내 나이가 어때서〉(2012) 이후 새로운 인기곡 반열에 오른 것을 실감하게 된다. 노년의 삶에서 중요한 덕목과 가치가 우정이라는 점을 절감했기 때문이리라. 우정은 시간의 선물이

맹연습 중인 왕언니들. 65세 이상 여성으로
구성된 동대문문화원의 대표 동아리
왕언니클럽은 국내 최고의 실력파 실버
중창단이다.

라 하지 않던가. 왕언니들이 특히 '자식보다 자네가 좋고'라는 대목에 몹시 감동하는 이유가 바로 여기에 있을 것이다. 창립 회원으로 참여한 이정자(72) 할머니는 "〈보약 같은 친구〉를 부르면 흥이 난다. 왕언니클럽 활동이 나를 일으킨다"라고 말한다. 김옥선(70) 왕언니 클럽 회장은 "춤추며 노래 부르다 보면 아픈 다리가 아픈 줄 모르게 된다"라고 덧붙인다.

이후에도 왕언니들의 맹연습은 계속된다. 〈샤이보이〉, 〈얼쑤〉, 〈사랑의 트위스트〉, 〈폼 나게 살 거야〉, 〈아리랑〉, 〈DOC와 춤을〉에 이르기까지 장르도 다양하다. 공연 시간과 장소 그리고 10대부터 어르신까지 대상별 맞춤형 공연을 완벽히 준비하려는 실버 중창단 왕언니클럽의 실력이 어디서 비롯되는지 확인하게 되는 순간이다. 그것은 연습하고 또 연습하는 것이다. 70대가 주축을 이룬 왕언니들의 맹연습은 "자, 한 번만 더 오버합시다"라는 정선화 선생의 격려에 맞춰 잠시도 쉬지 않고 20분간 계속된다. 작은 실수를 할 때면 웃음이 넘쳐나며, 수다 호르몬이 연습실 공간을 가득 채운다.

왕언니들의 공연은 노래만 부르는 것이 아니라 노래와 춤을 동시에 소화해야 한다. 노래만 잘해서도 안 되고, 춤만 잘 춘다고 되는 것도 아니다. 자식 건사하며 먹고사느라 춤이라곤 막춤 외에는 잘 알지도 못했고, 노래를 체계적으로 배운 적도 없다. 그런데도 왕언니들은 관객의 반응을 잘 읽어내고 관객과 같이 호흡하면서 멋진 공연을 한다.

왕언니클럽은 2007년 동대문문화원 동아리 활동을 통해 처음 결성된 후 해마다 20여 차례 공연 일정을 소화하며, 한국문화원연합회가 주관하는 '어르신 문화 프로그램'을 대표하는 동아리이자 '실버 걸 그룹'으로 명성을 떨치고 있다. 각종 방송 출연은 물론이고, 2014년부터 해마다 한 차례씩 중국, 미국, 룩셈부르크 공연을 하는 등 활약상이 눈부시다. 즉석에서 부를 수 있는 레퍼토리가 19곡에 달한다. 한 시간 이상 공연을 책임질 수 있을 정도다. 한국문화원연합회의 '어르신 문화 프로그램' 실무자인 이승훈(36) 씨는 "지방문화원 하면 향토사업이라는 고루한 이미지가 있었는데, 왕언니클럽이 이 같은 등식을 깨는 데 적잖이 큰 역할을 했다"라고 평한다. 한국문화원연합회가 주관해 12년째 운영되는 '어르신 문화 프로그램'은 고령화 시대에 어르신 문화 활동가를 양성하고 공감적 참여를 통해 어르신의 자발적·자생적 문화 생태계를 조성하려는 정책 사업이다. 2016년에는 40억 원의 국고 보조금이 투입되어 총 268개 문화 시설에서 총 391개 프로그램이 운영되었고, 사업 수혜자는 14,042명에 달한다.

왕언니클럽이 탄생하게 된 데는 평소 '잘 노는 노년 문화'를 고민해 온 동대문문화원의 강임원 사무국장의 열정과 노력을 빼놓을 수 없다. 강임원(57) 사무국장이 처음 왕언니클럽을 기획한 것은 2005년이다. 그러나 어떻게 해야 할지에 대한 구체적인 고민이 부족해 2007년 무렵에야 전체 윤곽과 사업의 틀을 확정했다. 2006년 문화원 사무국장에 취임한 강임원 국장은 그 무렵 고령화 사회에 대한 담론이 본격적으로 대두함에 따라 문화원에서 운영하는 프로그램

왕언니클럽은 2007년 동대문문화원 동아리 활동을 통해 처음 결성된 후
해마다 20여 차례 공연 일정을 소화하며, 한국문화원연합회가 주관하는
'어르신 문화 프로그램'을 대표하는 동아리이자 '실버 걸 그룹'으로 명성을
떨치고 있다. 각종 방송 출연은 물론이고, 2014년부터 해마다 한 차례씩 중국,
미국, 룩셈부르크 공연을 하는 등 활약상이 눈부시다.

전반을 점검하던 중 '잘 노는 노년 문화'의 형성이라는 화두를 얻었다. 무엇보다 생애 주기별로 분절화된 프로그램에 대한 문제의식을 갖게 됐다.

강임원 사무국장은 "왜 나이 든 사람은 민요 강좌나 트로트 강좌만 들어야 하는가?"라고 반문하며, 어르신에게 "우리 그냥 놉시다. 대중가요 부르며 재미있게 놀아봅시다"라고 제안했다고 한다. 우피 골드버그가 주연한 영화 〈시스터 액트〉(1992)에서 수녀들이 역동적으로 춤을 추면서 〈I will follow him〉을 부르는 장면을 보며 모티브를 얻었다. 세대 간 공감과 통합을 지향하려는 문화 활동에 대한 그의 고민을 읽을 수 있는 대목이다. 동시에 상투적으로 운영되는 노년 문화예술 교육의 관행을 깨고자 하는 의지와 열정을 읽을 수 있다. 한 사람의 인격은 말을 주고받는 커뮤니케이션을 벗어나서 성립되지 않는다. 커뮤니케이션과 커뮤니티라는 말에 공통으로 '함께'를 의미하는 접두사 'com'이 들어가는 데는 그럴 만한 이유가 있는 것이다. 쉽게 말해 '사람(人)'에서 '인간(人間)'으로 변하게 하는 힘은 '관계'에 있는 것이다. 일본인 심리학자 기시미 이치로가 "아들러 심리학에서 인간은 '사회라는 맥락 속에서 개인이 된다'고 한다. 대인관계를 떠나서는 존재할 수 없는 것, 바로 인간이라는 존재다"[*]라고 강조하는 것을 보라.

왕언니클럽에 참여한 어르신이 주도적으로 문화를 매개로 활동

[*] 기시미 이치로, 노만수 옮김, 《늙어갈 용기》, 에쎄, 2015.

함으로써 지역사회의 사회자본 형성에 기여하게 되는 것은 매우 유의하다. 이 점을 직관적으로 간파한 강임원 사무국장은 경기민요를 배우는 수강생을 '꼬드겨' 대중가요를 배우며 놀자고 제안했다. 그리고 그렇게 시작된 왕언니클럽이 2017년 10주년을 맞았다. 창립 회원으로 참여해 사실상 왕언니클럽의 리더 격인 강계월(72) 할머니는 "나는 '맨 그대로'인데, 어제 같은 10년이 지났다"라고 회고한다. 노년에 경험하는 왕언니클럽 같은 다양한 동아리 활동이 갖는 사회문화적 의미를 생각해보게 하는 발언이다. 그것은 자신을 사랑할 수 있는 능력을 키우는 것이고, 지역사회에서 사회자본을 형성하는 데 많은 역할을 할 수 있게 되는 것이다.

인도의 힌두교 경전인 《바가바드기타》는 이렇게 말한다.

"우리는 이 세상의 슬픔을 없앨 수는 없지만, 기쁨 속에서 살아가는 선택을 할 수는 있다."

그러니 왕언니클럽에 참여한 어르신을 기쁨으로 충만한 노년의 문화를 만들어가는 삶의 주인공이라고 간주할 수 있는 것이다.

실버 걸 그룹, 왕언니클럽

왕언니클럽은 2007년에 창립된 이후 스스로 진화하며 눈부신 활약을 보여주었다. 처음에는 당시 60~70대 노인이 젊은 시절 부르던 노래를 중심으로 시작했다. 흘러간 옛 노래도 불렀다. 〈대지의 항구〉(1941)라는 노래에 허슬 안무를 넣어서 부르니 몹시 재미있어했다. 해프닝도 많았다. 노래가 되면 안무가 안 되고, 안무에 신경쓰다 보니 입이 안 벌어지는 일도 비일비재했다. 그래도 즐거웠다. 왕언니클럽 활동을 하며 서로가 서로에게 '선물'이 되는 관계를 형성한 것과 무관하지 않으리라. 창립 회원으로 지금껏 활동하면서 둘도 없는 단짝 친구가 된 강계월 할머니와 이정자 할머니는 "그때는 하루하루가 선물이었다"라고 한목소리로 말한다. 동아리 활동에 자신감을 갖게 된 왕언니들이 이웃에게 자신들의 재능을 나누고자 한 것은 어쩌면 자연스러운 일이다.

왕언니클럽의 자기 진화 과정을 살펴보면 블로그의 성공을 연상하게 된다. 더글러스 토머스와 존 실리 브라운은《공부하는 사람들》에서, 블로그의 성공 비결은 '댓글'과 '외부 링크'에 있다고 진단한다.[*] 다시 말해 학습 공동체 구성원이 스터디 그룹처럼 주변 사람과 함께 지내는 것만으로도 '깊이 있는 대면'이라는 자원이 풍부한 체험을 하게 된다는 것이다. 이들은 '놀이 같음'이야말로 블로그의 특징이었다며, 블로그 참여자가 함께 해석하는 공동체로 진화하는 과정을 풀이한다.

이 이론을 왕언니클럽에 적용해보면, 왕언니클럽 회원의 자기 진화는 '참여를 통해 힘을 얻는다'는 것으로 요약된다. 서로 격려하면

---

[*] 더글러스 토머스·존 실리 브라운, 송형호·손지선 옮김,《공부하는 사람들》, 라이팅하우스, 2013, p.70.

서 어떻게 될지 한번 해보자는 참여 동기를 갖게 한 것이다. 앞의 저자들이 왕언니클럽 같은 학습 공동체에서 하는 함께 어울리기, 장난삼아 해보기, 괴짜 같은 행동하기 같은 행위야말로 각각 존재하기 위한 공부이고, 구체화로의 이행이며, 학습의 생산을 낳는 계기가 된다고 진단한 것은 그런 이유 때문이다. 왕언니들이 동아리 활동 과정에서 활발히 자기 의견을 개진하고, 나아가 자신들의 재능을 이웃과 나누는 문화 자원 활동을 통해 삶의 활력을 얻게 된 점은 그런 맥락에서 이해할 수 있다.

2011년 왕언니들은 또 한 번의 도전에 나섰다. 엠넷(Mnet)의 〈슈퍼스타 K 3〉에 서울 지역 최고령 참가자로 출연해 화제를 모은 것이다. 2차 예선을 통과하고, 본선 진출자를 가리기 위한 최종 파이널 슈퍼위크까지 진출했다. 당시 심사위원으로 참여한 이승철, 정엽, 싸이 씨는 왕언니들이 끈 드레스를 입고 〈노바디〉를 부르며 춤을 추니 '격한' 반응을 보였다. 원더걸스의 〈노바디〉는 가사에 영어가 유독 많은 노래 아닌가. 강임원 사무국장은 "왕언니들과 고민하다 영어 가사는 빼고 가자"라고 합의한 후 공연을 했다고 한다.

또 20대의 선택을 의미하는 엠넷 주최 시상식인 〈엠넷 트웬티스 초이스〉는 인기 있는 음악이나 인물을 선정하는 프로그램이다. 거기서 걸 그룹 쥬얼리의 신발, 의상을 모두 빌려줄 테니 〈베이비 원 모어 타임〉을 불러달라고 요청했다. 강임원 사무국장은 "새벽부터 청담동에 가서 머리를 손질하고 엠넷 스튜디오에서 하루 종일 녹화를 했다. 신발도 안 맞는데다 노래 한 곡을 하루 종일 녹음하는 스케

실버 걸 그룹인 왕언니클럽의 인기가
치솟으면서 방송사마다 출연 요청이
쇄도하기도 했다.

2014년 중국 옌지 공연. 바야흐로
왕언니클럽의 '리즈 시절'이 시작되었다.

줄인데도 왕언니들이 몹시 즐거워했다"라고 회상한다.

방송 후 타 방송사에서도 출연 요청이 쇄도했다. 연예인급 스케줄이 따로 없었다. MBC 설 특집 프로그램에서 원더걸스의 〈텔 미〉를 불렀고, 또 다른 방송에서는 〈노바디〉를 불렀다. 강임원 사무국장은 "재미있는 것은 〈텔 미〉나 아무리 신나는 팝송을 불러도 왕언니들이 부르면 '민요삘'이 났다"라고 말한다. 스님이 염불을 빠르게 외는 정도라고 덧붙인다. 왕언니들은 젊은 세대의 노래를 부르는 것도 어렵지만 안무 또한 소화하기가 만만찮았다. 그럴수록 다음 곡에 대한 자신감이 높아졌다.

2014년에는 동대문문화원과 자매결연을 한 중국 옌지에서 문화 교류를 하자는 초대장을 보내왔다. 이정자 할머니는 "'어떻게 이 나이에……'라는 생각을 버리려고 했다"라고 당시를 회상한다. 바야흐로 왕언니클럽의 '리즈 시절'이 시작된 셈이다. 동대문 지역을 비롯해 타지에서 진행되는 문화 자원 활동 또한 소홀히 하지 않았다.

경기민요에서 대중가요까지, 1940년대의 흘러간 옛 노래에서 2010년대의 최신 곡까지 소화해내는 왕언니들의 새로운 전성시대가 시작됐다. 여러 단체에서 왕언니클럽을 방문해 '영업 비밀'을 벤치마킹하려 했으나 모두 수포로 돌아간 데는 왕언니들의 왕성한 '소화 능력'을 빼놓을 수 없다. 왕언니들의 소화 능력은 바로 연습하고 또 연습하고 또다시 연습하는 것이었음은 말할 것도 없다. 그런 피나는 노력이 아니고는 연 20여 회에 달하는 공연을 소화할 수 없다. 왕언니클럽은 지금도 어린이집, 대학교, 요양원에 이르기까지 어디든 가서 반짝이 의상을 입고 춤추고 노래한다. 전남의 한 지역에서 열리는 다문화가족 합동결혼식에는 해마다 축가를 도맡아 부른다. 스케줄이 바빠질수록 왕언니들은 초심을 잃지 않으려 한다.

왕언니클럽의 문화 자원 활동은 감동의 무대를 선물하는 것으로도 유명하다. 한번은 강서구 화곡동에 소재한 천사요양원에서 100세를 맞은 할머니의 생일잔치가 열렸다. 거기서 20대를 위한 노래를 부르니 할머니도 좋아했지만, 특히 요양원 스태프들이 가히 폭발적인 호응을 보내주었다. 감정 노동에 지친 요양보호사까지 감동시킨 것이다. 이들을 위한 문화예술 교육의 가능성을 적극 모색해보는 것이 어떨까 싶은 생각도 든다.

또 어느 공연에서는 90세가 넘은 할머니가 공연이 끝난 후 한분한분 왕언니들의 손을 꼭 잡고 "늙느라고 고생한다"라고 해서 모두들 울음바다가 됐다. 어쩌면 바로 그 순간 왕언니들은 자신들도 모르게 니체가 "그날이 도래한 듯이 살라"라고 한 찰나를 경험했을 것이다. 살면서 자신의 인생 스토리를 만드는 것만큼 중요한 일은 없다고 주장한 신화학자 조지프 캠벨이 "인간은 그러나 '내'가 아닌 '너'로 이해되어야 한다"[*]라고 한 말의 맥락이 바로 그런 경우일 것이다. 다시 말해 왕언니들은 그런 문화 자원 활동을 통해 '인생 수업'을 한 것이다. 시인 천양희는 〈교감〉이라는 시에서 "한 마음의 움직임과/ 한 마음을 움직이게 한/ 한 마음의 움직임이/ 겹쳐 떨린다/

---

[*] 조지프 캠벨, 이윤기 옮김,《천의 얼굴을 가진 영웅》, 민음사, 2014, p.488.

왕언니클럽의 자원 활동은 감동의 무대를
선물하는 것으로도 유명하다. 특히 노인요양원,
노인복지관, 어르신 경로잔치 등 어르신을 위한
공연에서 더욱 빛을 발한다.

물결 위에 햇살이 겹쳐 떨리듯"이라고 했다. 교감이란 그런 것이다. 한 마음과 한 마음이 만나 서로 겹쳐 움직이고 떨리는 것이다. 그런 교감은 단순한 체험일 수 없으며, 그 어떤 것으로도 대신할 수 없는 경험이 된다.

김옥선(70) 회장과 임영남(67) 총무는 "일주일에 두 번씩 진행되는 수업에는 절대 빠지지 않으려 한다. 수업 외 시간에는 인터넷 동영상을 보며 혼자 안무 연습을 한다"라고 입을 모아 말한다. 경기민요를 배우다 창립 회원으로 참여한 김옥선 회장은 "다양한 레퍼토리를 소화할 수 있는 능력은 경기민요를 배웠기 때문이다"라고 말한다. 그러자 임영남 총무가 왕언니클럽 활동을 하며 자신의 능력을 인정받고 지지받을 수 있는 '소속감'을 갖게 된 것이 가장 큰 보람이라고 덧붙인다. KBS 방송 출연 후 단골 생선가게 아가씨가 자신을 알아보더라며, 그래서 지역사회에서는 특히 자기 관리를 하려고 노력한다고 말한다.

"왕언니클럽의 명성에 금이 가게 할 수 없잖아요? 왕언니들은 '노래도 잘하는데 예의도 밝더라'는 인상을 주고 싶습니다."

왕언니클럽 활동은 참여 어르신의 삶을 그렇게 백팔십도로 바꾸어놓았다. 무엇보다 남편을 비롯해 가족이 든든한 우군이 된 것이 가장 큰 수확이다. 강임원 사무국장은 "언젠가 동네 세탁소 주인 양반과 맥주를 마시는데 우연히 텔레비전에서 할머니들이 나오는 걸 봤다. 끈 레이스 달린 원피스를 입고 방송에 나오는 걸 본 할아버지가 '이 할망구 미쳤나?'라며 가지 말라고 했다"라고 소개한다. 그러나 '남편은 아내를 이길 수 없다'는 말이 있다. "나이 육십이 넘으면 남편 말이 씨가 잘 안 먹힙니다."(웃음) 결국 앞발 뒷발 손을 든 남편이 소극적 지지자에서 적극적 응원자로 돌변했다.

강계월 할머니는 "남편이 요양원에서 하는 우리 공연을 보고 마음이 확 바뀐 것 같다. 내 신분이 '살림꾼'에서 이젠 '여왕님'으로 신분 상승했다"라며 입꼬리가 올라간다. 남편이 수행 비서를 자처하며 매니저로 나선 것이다. 새벽에 길 떠나는 스케줄이 있으면 슈트케이스를 차에 싣고 차 문까지 열어주며 여왕처럼 정중히 대접한다. 남편이 그렇게 매니저로 나서니 자녀의 반응이야 볼 것도 없다. 강계월 할머니는 "제 앞가림하며 사느라 자식을 자주 못 보는데, 그럴 때마다 아이들이 '엄마가 너무 바빠서 못 만난다'고 둘러댄다"라고 말한다. 그런 핑계가 싫지만은 않은 눈치다. 물론 날로 커가는 손주들 얼굴 한 번이라도 더 보고 싶은 마음이야 굴뚝같지만. 그럴수록 동료와 함께 즐거운 마음으로 연습하고 또 연습하자고 스스로를 다그친다.

"내 나이 되면 다 한다"

잠시 휴식을 취한 후 보수교육(repair training)이 계속된다. 노년 교육은 대체로 무한 반복의 속성을 갖는다. 그래서 주기적으로 계속해 실시하는 보수교육을 소홀히 할 수 없다. 일주일에 2회씩 90

분간 진행되는 보수교육은 화요일 오후에는 회원끼리 자체적으로 진행하고, 금요일 오후에는 정선화 선생이 지도하면서 새로운 레퍼토리 발굴을 위해 땀을 흘린다.

왕언니들은 6년째 보수교육을 맡아 진행하는 정선화 선생의 안무 지도 아래 맹렬히 연습한다. 악보를 보며 노래를 부르는 사람이 몇몇 눈에 띄지만, 다수는 악보를 보지 않고 노래를 부른다. 노래 분위기에 맞춰 목소리 톤을 바꾼다. '노래하는 몸'을 만들기 위한 과정의 일환이다. 걸 그룹 시크릿의 〈샤이보이〉를 부르는데 어느 한 대목에서 자주 틀리자 정선화 선생이 "내 나이 되면 다 한다"라고 하는 말에 웃음바다가 된다. 왕언니들이 "선생님도 내 나이 되면 알게 돼!"라고 응수한다. 이번에는 선생이 폭소를 한다. 〈사랑의 트위스트〉 안무를 할 때는 '손끝이 죽어 있다'고 지적하며, "좀 놀아본 사람은 다이아몬드 스텝쯤은 다 한다. 여러분, 좀 더 오버하시라"라고 구체적으로 주문한다. 누군가가 "놀자고 왕언니클럽에 왔는데, 우린 죽자고 한다"라고 해서 또다시 웃음바다가 된다.

수업 시간은 90분이지만, 수업이 끝나고 나면 번아웃 상태가 되곤 한다. 가수는 평생 히트 곡 하나로 산다는데, 왕언니들은 온갖 장르를 넘나들며 하루에도 몇십 개의 안무를 소화해야 하기 때문이다. 정선화 선생이 "왕언니들이 못 하는 게 어딨어요?"라며 격려한다. 격한 율동과 노래를 마친 후에는 1부터 20까지 천천히 세며 호흡법을 배운다. 처음엔 13 정도에서 포기하는 사람이 속출했지만, 이제 전원이 호흡법 훈련을 성공적으로 마친다. 자신의 몸을 풍선처럼 한껏 부풀리는 호흡법은 머리가 띵할 정도로 아프다. 춤추며 노래까지 불러야 하는 왕언니들로서는 피할 수 없는 훈련이다. '피할 수 없다면 즐겨라', 이것이 왕언니들의 스타일이다. 이윽고 수업이 끝나간다. 왕언니들은 둥그렇게 원 모양의 대형을 이루어 서로 손을 잡고 노래를 부르며 마친다. 일종의 의례인 셈이다.

의례는 중요하다. 졸업식과 입학식 그리고 학예회와 축제 같은 의례에는 상호 존중과 협력이라는 추상적 개념을 실제 행동으로 바꾸는 힘이 있기 때문이다. 조선시대에는 서당에 다니는 학동이《소학》과《동몽선습》을 다 배운 뒤에 반드시 스승과 함께 세책례(책거리, 책씻이)를 했다. 그런 의례도 배움의 한 과정으로 생각했기 때문이다. 의례 과정에서 스승과 제자가 가르치고 배우면서 서로 성장하는 교학상장(敎學相長)의 경험을 공유하는 것이다. 그런 아이는 고향을 생각하고 사람을 생각하는 배움의 정신을 잃지 않는다. 교육의 목적이 스승의 가르침에 있지 않고, 학생의 배움에 있다는 점을 깊이 생각해보아야 한다. 이런 교육의 목적을 잘 구현한 예가 바로 '공자학교' 아닌가. 공자의 언행을 기록한《논어》의 '자왈(子曰)' 앞에는 언제나 제자의 질문이 있다. 공자는 질문하는 제자의 배움 상태를 고려해 일종의 일대일 맞춤형 교육을 했다. 그런 공자의 교육철학과 교육방법은 나면서부터 아는 지식(生而知之)이 아니었다. 공자는 "다만 옛사람의 말을 좋아하여 그 말뜻을 민감하게 알고자 구하려는 사람일 따름이다(好古敏以求之者也)"라고 말한다. 여기서 '민감하게 알고자 구하려는(敏以求之)' 태도야말로 공자학교의 '영업 비밀'이었다.

공자학교에서 스승의 그런 '몸짓'과 '호기심'을 익히려는 태도가 중요했음은 두말할 나위가 없다. 오늘날 학습이라고 하는 학이시습(學而時習)의 본래 뜻이 바로 그것이었다. 공자학교에서는 대화법이 가장 중요한 의례 행위였던 것이다. 지금 우리에게 필요한 것은 각종 의례를 스스로 기획하고 연출하며 함께 즐길 줄 아는 능력이다. 의례에 동원되는 객체로서가 아니라 다른 사람과 함께 의례를 기획하고 준비하는 과정에서 '함께하는' 정신 체험이 요구된다. 그런 의례가 진행되는 순간과 그 순간에 함께 있는 사람은 우리 눈에 보이지 않는 기쁨의 선물을 주고받게 된다. 심리학자 어빙 고프먼은 그런 순간을 '상황의 사회학'이라고 풀이한다. (노년) 문화예술 교육 현장에서 이루어지는 온갖 의례에 혁신이 필요한 것은 그런 이유 때문이다. 의례 과정에서 사교성을 넘어 사회성을 배우고 익히는 새로운 의례의 '언어화'가 필요해 보인다. 사회학자 리처드 세넷은 그런 사회성은 함께 행동하는 것이 아니라 '서로를 알아보는 것'이라고 말한다.

6년째 왕언니들의 교육을 맡아 상호 작용해온 정선화 선생 또한 갈수록 고민이 깊어진다. 왕언니들은 6개월간 꼬박 연습해야 자신이 맡은 부분을 소화하며 무대에 오를 수 있다는 걸 잘 알기 때문이다. 그리고 공연 무대에 서는 것도 중요하지만, 더 중요한 것은 왕언니들이 저마다의 삶의 무대에서 당당히 서는 것이라는 점을 잘 알기 때문이다. 기능을 전수하고 강습하는 데 머무르는 것이 아니라, 어떻게 의미를 생산하고 나눌 것인가 하는 고민이 깊어지기 시작한 것이다.

정선화 선생은 한때 음치 클리닉을 운영했으며, 20년이 넘도록 노래교실 강사로 활동하고 있다. 2004년에는 처음으로 트로트 음악을 리메이크한 음반 〈아리랑연가〉를 발매하며 가수로서도 활발히 활동하고 있다. 그렇게 바쁜 삶을 살고 있지만 정선화 선생은 노년 예술 수업에 참여할수록 전문성 강화가 필요하다고 생각해 대학원에 진학해 음악 치료를 공부할 계획이다. 왕언니들의 열정을 직접 확인하면서 자기 자신도 근본적으로 돌아보는 계기가 된 것이다.

"대중가수로 활동하면서 높이 오르는 데만 신경을 썼다. 그런데 왕언니들은 귀한 시간을 내서 오고 어린 강사에게 혼나며 활동한다. 그런 모습을 보며 나 자신도 성장했다. 이젠 위로 오르지 못하더라도 뭔가 나눌 수 있다는 점 때문에 내 안의 우울감이 없어졌다."

정 선생은 수업 때 왕언니들이 군무를 추는 경우가 많기 때문에 편곡에서 비는 부분을 어떻게 채울까 하는 고민을 자주 한다. 그리고 어느 공연장에서든 왕언니들이 '상황 대처 능력'을 갖도록 힘을 실어주고 싶어 한다. 그래서 공연 도중 다리를 다치더라도 웃으라고 늘 주문한다. 안무가 틀리면 더 웃으라는 것이다. '얼굴이 두꺼워야 한다'는 것이다. 정선화 선생은 "평소 근엄한 표정의 강계원 어머님이 어느 날 수업 때 10대 아이의 목소리를 흉내 냈다"라며 놀라워한다. 아마도 그 순간 줄탁동시(啐啄同時)가 이루어졌다고 간주할 수 있으리라. '변화의 산파' 노릇을 해야 하는 예술 교사로서 그 순간 보람을 느꼈음은 물론이다.

에네르게이아의 교육을 위하여

왕언니클럽의 수업과 활동은 자존감 회복을 위한 일종의 '자존감 수업'이라고 할 수 있다. 이 점에서 자원봉사에 대한 고민이 필요해 보이고, 보수교육 위주로 짜인 수업에도 새로운 모색이 필요해 보인다. 전자는 이른바 '재능 기부는 무보수 노동'이라고 하는 우리 안의 봉사 프레임을 허무는 일과 관련이 있다. 후자는 참여한 어르신 한분 한분의 개별성에 주목해 교육하는 방법론을 고민하는 것과 통한다고 감히 말할 수 있다.

특히 자원봉사를 권장하며 재촉하는 듯한 지금의 정책 사업에 대한 새로운 방향 설정이 필요한 것은 어쩌면 당연하다. '즐겁지 않은 자원봉사는 하지 않는다'는 원칙을 정해 어르신이 자발적으로 힘닿는 만큼만 문화 자원 활동을 한다는 봉사 프레임으로 전환하는 것은 매우 중요한 일이다. 다시 말해 '자원봉사를 하지 않을 자유' 또한 중시되어야 하는 것이다. 자원봉사를 받아야 하는 나이에 지나치게 자원봉사를 권장하는 것은 동아리 활동에서 가장 중요한 요소인 자발성을 거세하고 자칫 그것을 훼손할 수도 있기 때문이다. 강계월 할머니와 이정자 할머니가 "공연을 자주 가게 되는데, 시간 내기가 여의치 않나"라고 말하는 것을 보라. 이런 문제에 대한 새로운 인식의 지평이 열리게 된다면, 후자의 문제 또한 재설정될 수 있을 것으로 생각한다. 왕언니클럽이 그렇다는 것은 전혀 아니지만, 노년 예술 수업의 의의는 이른바 도제식 문하생을 기르는 것과는 아무런 상관이 없다. 어르신 한분 한분의 삶에 주목하는 교육으로의 전환이 시급한 이유가 여기에 있다.

이와 관련해 미국의 대안학교 '빅 픽처 스쿨(Big Picture School)'이 표방하는 교육 목표인 '한 번에 한 학생을 교육한다(one student at a time)'는 원칙은 노년을 대상으로 한 교육에도 외면할 수 없는 원칙으로 적용되어야 마땅하다.* 빅 픽처 스쿨이 이런 교육적 원칙을 고수하는 것은 학문 교육을 넘어 한 학생을 전체적인 관점에서 보도록 도와주기 위해서다. 쉽게 말해 개인 맞춤 교육이 중요하다고 파악한 것이다. 그래야 학생(수강생) 개개인의 개별성과 고유성을 보장하며 길러줄 수 있다는 것이다.

빅 픽처 스쿨의 사례로 등장하는 메트스쿨의 경험은 10대를 대상으로 한 교육철학과 방법론이지만, 개별성과 고유성에 주목하려는 노년 문화예술 (교육) 활동에도 대동소이하게 적용할 수 있을 것이다. 아리스토텔레스 식으로 말하자면, 우리가 노년 예술 수업에서 추구해야 하는 관점과 태도는 주어진 목적을 향해 오직 정주행하는 목적론적 운동성을 의미하는 키네시스(kinesis, 운동성)가 아니다. 오히려 어떤 목적의 완성보다 '실현해가는 활동'에 초점을 맞추는 과정 중심의 교육 과정 설계와 운영을 의미하는 에네르게이아(energeia, 현실활동태)로서의 교육이 필요하다. 다시 말해 목적이 되어

---

* 엘리엇 워셔·찰스 모즈카우스키, 이병곤 옮김,《넘나들며 배우기 – 한 번에 한 아이씩, 메트스쿨의 학교 혁신 프로젝트》, 민들레, 2014.

가는 '과정의 상태'가 더 중요하며, 목적이 실행되는 과정 그 자체가 완전한 가치를 지닌다는 점을 더 숙고할 필요가 있다. 기시미 이치로의 말을 더 들어보자.

"키네시스는 '하고 있다'는 것에 머무는 것이 아니라, 어느 만큼을 얼마만의 기간에 '해냈다'는 것이 중요하다. 키네시스적인 인생에서는 과정보다 수단과 방법을 가리지 않고 '효율적으로' '빨리' 목적을 이루는 게 가장 시급하다. 이에 반해 에네르게이아에서는 '지금 하고 있는' 것 자체를 그대로 '해냈다'고 본다. '과정 자체를 결과로 보는 운동' 관점이다. 이러한 에네르게이아의 관점에서 보면 모든 움직임은 항상 완전하고 '어디에서 어디까지'라는 조건과도, '얼마 동안'이라는 조건과도 관계가 없다. 춤이 그 좋은 예다. 춤은 춤추는 것 그 자체에 의미가 있고 그 자체가 목적이지, 춤을 춤으로써 어딘가에 도착하려는 건 아니다. 춤을 추다 어딘가에 도달할지도 모르지만, 도달하는 것을 목적으로 춤추는 사람은 없다. 춤을 추고 있는 '지금, 여기'에 충실하면 된다."[*]

인생은 '선이 아니라 점이 연속된 것'이라고 정의하는 아들러 심리학의 권위자인 기시미 이치로는 그런 에네르게이아의 과정에서만 용기의 공동체가 형성된다고 말한다. 자기 앞에 놓인 인생의 과제와 대화할 수 있는 용기를 갖게 하는 시간이 필요하다는 것이다. 이때의 시간이란 물리적 시간이 아니라, 배움 그 자체의 시간을 의

[*] 기시미 이치로, 앞의 책, pp.188~189.

미하는 크로노스의 시간이다. 어쩌면 그런 크로노스의 시간에서는 헤겔이 말한 '밤에 모든 암소의 색깔은 검다'라는 말은 더 이상 유효하지 않을 것이다. 헤겔의 이 말은 개별 학생(수강생)의 재능을 발견하지 못하는 교육을 꼬집기 위한 것이다. 공자학교의 원칙이 '질문하지 않으면 답변하지 않는다'이고, 같은 질문을 한 여러 제자에게 공자가 한 대답이 모두 다른 것은 학생(수강생)의 개별성을 충분히 고려할 줄 알았기 때문이라는 점을 생각해볼 필요가 있다.

또 하나 간과할 수 없는 것은 '관계 2막'을 위한 노년 문화예술 활동이 제대로 정착되기 위해서는 '어르신 문화 프로그램'을 비롯한 어르신 문화 활동이 노년 스스로 프로그램을 기획하며 자기 주도성을 발휘할 수 있는 지원 시스템을 갖추는 방향으로 전환돼야 한다는 점이다. 물론 하루아침에 실현되리라고 생각하지는 않는다. 그럼에도 어르신이 무엇인가 새로운 것을 배우고 자신의 지식을 누군가와 공유하며 인간관계를 이어가는 과정에서 새로운 '관계 2막'을 위한 삶의 문화를 이룰 수 있다는 점은 두말할 나위 없는 진실이라고 할 수 있다.

그렇기 때문에 어르신이 운영의 주체가 되고 교육의 주체가 될 수 있는 사업 기반을 조성하는 것이 중요하다. 어르신 문화 활동에서 사회적 일자리 창출 같은 사회경제적 효과를 재촉하는 듯한 정책 목표는 현장을 몰라도 너무나 모르는 과도한 요구다. 시장이 실패하고 국가가 하지 못한 일자리 창출 사업을 문화 프로그램으로 구현하고자 하는 것은 지나친 스필오버 효과(spillover effect)라고 감히 말할 수 있으리라. 나는 지난 2015년 12월 16일 서울에서 열린 '2015 어르신 문화 프로그램 성과 프로젝트 정책 포럼'에서, '일자리 사업'이라고 쓰고 '일거리'로 읽는 정책으로의 전환이 요청된다고 제안했다.

결국 문제는 정책 사업의 양이 아니라 질적 제고다. 강임원 사무국장이 "어르신 복지 예산은 늘리는데 문화 부문 예산은 줄이면서 어르신의 문화 활동이 일자리 창출 같은 자생력을 갖추도록 요구한다"라고 푸념하는 것도 무리가 아니다. 강임원 사무국장이 왕언니클럽 활동을 중단한 어르신을 추적한 현황은 경청할 대목이 적지 않다. 탈퇴 후 한 달 정도만 지나도 얼굴이 더 쪼글쪼글해지고 건강이 안 좋아지더라는 것이다. 물론 여러 원인이 있겠지만, 왕언니클럽 활동을 하는 동안 '함께함'을 느끼면서 고독하다는 슬픔의 감정이 줄고 기쁨의 감정이 늘었다는 진단은 노년 문화 활동의 효과를 그대로 말해주는 것이라고 간주할 수 있다.

이 점에서 현재의 문화 자원 활동 또한 봉사 강박증에서 벗어나 '선행과 상관없는 동행'(심보선)으로 전환할 수 있는 정책적 환경을 조성하는 것이 더 중요하다고 판단된다. 물론 주무 부처인 문화체육관광부도 이 점을 충분히 이해할 것이다. 그러나 현재의 문화 활동 사업 성과를 관객 수, 봉사활동 횟수 같은 것으로 수치화하는 평가 방식을 바꾸지 않으면 문제 해결은 요원해 보인다. 오히려 문화체육관광부가 수혜자 부담 원칙을 적극 권고하고, 사회 전반적으로도 건강한 자원 활동 문화를 형성해가는 것이 필요하지 않을까? 또 노인이라고 다 같은 노인이 아니라는 관점의 도입과 적용이 필요하다. 2017년에 한국문화원연합회 차원에서 베이비부머 세대를 위시한 '신노년' 세대에 주목해 기존 사업 관행에서 벗어난 기획 사업을 진행하고자 한 것은, 늦었지만 바람직한 정책 사업의 새로운 방향 설정이라고 할 수 있다.

"나는 부르리, 나의 노래를"

나와 당신은 온전히 나 자신으로 살고 있는가? 19세기 말 미국의 위대한 시인 월트 휘트먼이 노래한 〈나 자신의 노래(Song of Myself)〉를 나날의 삶과 노동에서 만끽하며 살아가는 사람은 누구인가? 그러나 진짜 나 자신의 삶을 사는 사람은 많지 않다. 사람은 빵이 아니라 의미를 먹고 산다는 차원에서 볼 때 특히 그러하다. 우리에게 주어진 하루하루가 '선물'이어야 한다는 명제는 그 자체로 진실이지만, 우리의 하루하루는 진짜 생명의 삶이 아니라 생존을 걱정해야 하는 '연명'의 형식을 넘어서지 못한 것이 아닌가 하는 생각을 하게 된다.

다시, 삶으로서의 문화예술 교육(활동)을 생각한다. 그렇다면 삶으로서의 문화예술 교육(활동)은 왜 중요한가? 문화이론가 앙리 르페브르가 감성과 육체가 체험하는 구체적 보편으로서 현대 도시의 '리듬'을 연구한《리듬 분석》의 연구 성과를 주목할 필요가 있다. 앙리 르페브르는 자본/권력에 포섭된 시간·공간으로서 선형적 반복의 리듬이 아니라, 나 자신의 삶을 살아갈 수 있는 순환적 반복의 리듬을 우리 일상에서 과연 회복할 수 있느냐가 중요하다고 말한다. 이러한 연구 결과는 "변화의 와중에 있는 인간에게 가장 커다란 위험은 '세인(世人, man)'이 되는 것"이라고 역설한 독일 신부 로마노 과르디니의 진술과도 통한다. 우리가 살고 있는 지금, 여기 한국 사회에서 요구되는 특정의 리듬에서 벗어나, 우리는 무엇이 나 자신의 노래를 부르게 하고 나 자신의 삶을 진짜 살 수 있게 하는 리듬인지를 성찰해야 한다. 그리고 그런 삶을 향해 몸을 던져야 하는 것이다.

나는 이 점에서 삶으로서의 문화예술 교육(활동)이란 '나의 문화정책'을 적극적으로 사유하고 행동할 수 있는 활동 과정이라고 말하고 싶다. 이런 관점에서 문화예술 교육(활동)의 목표를 재설정하고, 과정을 재설계하며, 참여자와 함께 '직접 유토피아'를 지금, 여기에 이루려는 다양한 교육 활동이 요구된다. 이른바 정부 주도로 이루어지는 문화예술 교육(활동) 현장에서 시간이 지날수록 그런 문제의식을 공유하는 현장을 접하기 어려워지는 것은 무엇을 말하는가? 문화 정책의 기획과 추진에 담대한 발상의 전환이 요구되는 것은 그런 이유 때문이리라. 결국 그 누구도 나를 함부로 취급할 수 없고, 나라는 존재가 함부로 취급되어서도 안 된다. 그런 발상의 전환과 실제 행동 과정에서 비로소 나 자신의 리듬을 회복하기 위한 여행이 시작될 것이다.

결국 삶의 가치로서의 문화예술(교육/자원봉사)의 의미를 생각해야 한다. 문화예술은 약한 관계의 형성을 통해 강한 연결의 힘을 실감할 수 있게 한다. 예를 들어 동네 책읽기 모임 같은 소모임은 구성원 간에 약한 관계를 형성한다. 그런 약한 연결의 힘을 과소평가해서는 안 된다. 사람의 마음을 움직이는 것은 거대한 이론이 아니라 '낮은 이론'이기 때문이다. 노년의 문화예술(교육/자원봉사)도 사람과 사람의 마음을 연결하는 힘을 지니고 있다. 이때의 문화예술(교육/자원봉사)은 일종의 미디어 역할을 수행한다. 문화예술(교육/자원봉사)과의 그런 일상적인 작은 만남에서 나를 바꾸는 혁명이 시작되는 것이다.

일본의 영화감독 구로사와 아키라의 걸작 〈이키루(生きる)〉(1952)에 나오는 1920년대의 유행가 〈삶은 찰나의 것〉을 소개하는 것으로 이 글을 마치고자 한다. 영화의 주인공은 시청 시민과에 30년째 근무하는 50대 공무원이다. 그는 위암 판정을 받은 후 자신의 공직 인생에 회의하면서 무엇인가 보람 있는 일을 하며 인생을 마무리하고자 한다. 그는 동네 놀이터를 지어달라는 민원을 해결하기 위해 동분서주한 뒤 죽음을 맞는다. 죽음 앞의 인간이 된 주인공이 자신의 죽음을 예감하며 이 노래를 흥얼거리는 장면에서 퍽 여운이 남는다. 결국 이 영화는 '어떻게 살 것인가?'와 '어떻게 죽을 것인가?'를 동시에 은유하는 영화다. 노래의 원작은 이탈리아 르네상스기의 정치가이자 시인인 로렌초 데 메디치가 쓴 시라고 한다. 나를 나이게 하는 것은 과연 무엇이고, 사회를 위한 인문학과 문화예술은 무엇이어야 하는지를 묻는 작품이라고 감히 말할 수 있으리라. 내면이 초라한 노년이 아니라 자신을 사랑할 줄 알고 타자를 사랑할 줄

아는, 단단하고도 부드러운 내면은 어떻게 형성되는지를 묻는 노래
가 아닐까?

　　소녀여, 빨리 사랑에 빠져라
　　그대의 입술이 아직 붉은색으로 빛날 때
　　그대의 사랑이 아직 식지 않았을 때
　　내일 일은 아무도 모르는 것이니
　　삶은 찰나의 것

　　소녀여, 빨리 사랑에 빠져라
　　그대의 머릿결이 아직 눈부시게 빛날 때
　　사랑의 불꽃이 아직 다하지 않았을 때
　　내일 일은 아무도 모르는 것이니